# Charming Wordsearch

# Charming
# Wordsearch

## COLOR IN THE BEAUTIFUL PICTURES & SOLVE THE PUZZLES

SIRIUS

**SIRIUS**

This edition published in 2021 by Sirius Publishing, a division of
Arcturus Publishing Limited,
26/27 Bickels Yard, 151–153 Bermondsey Street,
London SE1 3HA

ISBN: 978-1-3988-0909-3
CH008386NT

Printed in China

```
      Z S Y U C
    C H L S T A F F M
  S E B A T S U C O L C
  U C E S P R O C G H U
  H T N A R E P M O I A S J
  S O I I T C G Y L R P T W
  I L A X T N K D B H E A E
  F H T K J E S C I A R H Z
  C K N A L P O N V R B V F
  Q U J E B X E I O B Y
  N O I R E Y O J A U R
  M A G A R L A N D
      L F N T Y
```

◊ BRIDGE     ◊ COBRA     ◊ GARLAND     ◊ LOCUST     ◊ SPHINX

◊ CAT        ◊ CORPSE    ◊ GATE        ◊ LOTUS      ◊ STAFF

◊ CHAIR      ◊ EASY      ◊ HAPPY BABY  ◊ MOUNTAIN   ◊ TREE

◊ CHILD'S    ◊ FISH      ◊ HERO        ◊ PLANK      ◊ WARRIOR

```
E G A B B A C R E A S O L
S D E A A S N I E R I T L
T F U G D S S A R E L Y L
O D E S S E V A E L K W Y
D P A T W B M V R C S E H
I R L A B I I E O G F S P
R V A J J L S R R I Q N O
E R P G O I M S N A E M R
P U J A O A D C C E L K O
E S U O H N H G R H W D L
L H O S L G E G B D A G H
S E N A I T R A M D F R C
A S P I N E N E E D L E D
E T E R V F S E L T R U T
P A M E W E B E Y U T E D
```

CABBAGE

MARTIAN

DRAGON

FINCH

EVERGREEN

PHYLL

EMERALD

GRASS

PERIDOT

PEAS

LEAVES

CHLOROPHYLL

PINE NEEDLE

OLIVE

TURTLE

RUSHES

SHAMROCK

HOUSE

SWISS CHARD

```
D J V Y W G C G D W E Z P
C M Q N S A J A E Y G R X
U Y Y T C K B H I M E N Z
S C A L E S R E A D I N G
W R C B J V D A I K O N T
S H D E P E H C R H S Z I
M P Y O D T T M W C E W C
S K Y Q R I P V S H H M H
T Z T A O I X C O E S E A
E R E N S F O U E P I O R
N Q E C L R S L M S F N T
A D E T P E V X F Q P M W
L S C I A M P M E B Q P I
P U O E K W Z V I R S O N
D X H E E V O G R I V P S
```

◊ ARCHER    ◊ GEMINI    ◊ PLANETS    ◊ SCORPIO    ◊ VIRGO

◊ CHART    ◊ HOUSE    ◊ PREDICTION    ◊ STARS    ◊ WATER

◊ EARTH    ◊ PISCES    ◊ READING    ◊ TWINS    ◊ WHEEL

◊ FISHES          ◊ SCALES          ◊ ZODIAC

# CREATURES

◊ BADGER
◊ BULLOCK
◊ COYPU

◊ GIRAFFE
◊ GOOSE
◊ HIPPOPOTAMUS
◊ HYENA
◊ LIZARD
◊ MACAQUE
◊ OUNCE
◊ PYTHON

◊ CYGNET
◊ EAGLE
◊ ELAND

◊ SHREW
◊ SPRINGBOK
◊ WAPITI
◊ WILDEBEEST

```
N I O R A M A Q U E S D D
Y A N E I A S U M D U R F
P A O U N C E E E V M A A
W E I E L A N D S D A Z A
I S Y E H Q Z Z N O T I Y
L H E X E U P Y O C O L N
D A D L U E P S F Y P G E
E N G I R A F F E G O U B
B A I X O I U S P N P D I
E F O R E T L V T E P T N
E O B U L L O C K T I O W
S E B A D G E R N P H B E
T N R E W H A F A T G M R
O U R A S C K W Y C T C H
K O B G N I R P S E R L S
```

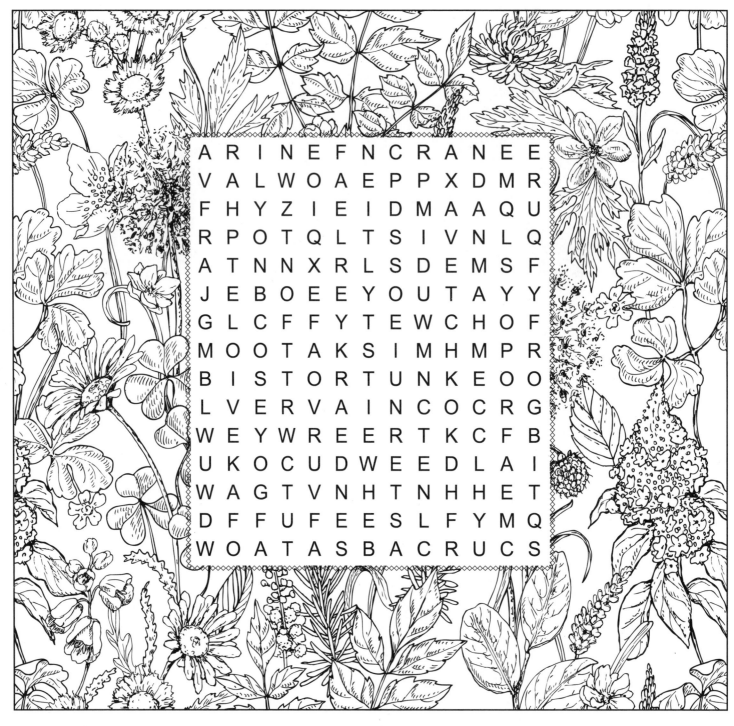

```
A R I N E F N C R A N E E
V A L W O A E P P X D M R
F H Y Z I E I D M A A Q U
R P O T Q L T S I V N L Q
A T N N X R L S D E M S F
J E B O E E Y O U T A Y Y
G L C F F Y T E W C H O F
M O O T A K S I M H M P R
B I S T O R T U N K E O O
L V E R V A I N C O C R G
W E Y W R E E R T K C F B
U K O C U D W E E D L A I
W A G T V N H T N H H E T
D F F U F E E S L F Y M Q
W O A T A S B A C R U C S
```

◊ ACONITE      ◊ FLAX      ◊ OXLIP      ◊ VETCH

◊ ASTER      ◊ FROGBIT      ◊ PANSY      ◊ VIOLET

◊ BISTORT      ◊ GENTIAN      ◊ ROCKET      ◊ WILLOWHERB

◊ CUDWEED      ◊ HONEYSUCKLE      ◊ TREFOIL      ◊ WOAD

◊ DAISY           ◊ VERVAIN

| S | I | R | N | X | N | S | L | A | T | E | P | L |
|---|---|---|---|---|---|---|---|---|---|---|---|---|
| I | F | V | A | C | N | O | V | G | Z | S | T | E |
| A | E | L | L | I | V | N | I | A | G | U | O | B |
| A | F | A | I | O | F | I | H | N | Y | O | D | A |
| A | L | E | H | O | V | N | W | E | O | M | Q | L |
| N | K | I | O | K | A | A | N | J | N | R | M | B |
| T | O | I | O | H | L | O | G | O | V | M | A | C |
| I | G | E | A | S | E | T | M | E | O | O | R | D |
| R | N | F | K | O | G | M | B | R | L | S | G | R |
| R | I | I | K | T | I | K | Z | O | E | S | U | O |
| H | N | G | S | S | E | P | T | A | M | O | E | R |
| I | U | S | R | D | W | F | E | J | K | L | R | N |
| N | R | E | A | L | X | Q | L | A | M | B | I | W |
| U | P | T | E | L | U | A | Z | T | C | V | T | J |
| M | X | P | P | S | E | S | O | R | P | H | E | K |

◊ ANTIRRHINUM

◊ BLOSSOM

◊ BOUGAINVILLEA

◊ FIGS

◊ FLAX

◊ LABEL

◊ LAWN

◊ LOVAGE

◊ MARGUERITE

◊ ONION

◊ PEACH

◊ PEARS

◊ PERSIMMON

◊ PETALS

◊ PRUNING

◊ ROSES

◊ SOIL

◊ WEIGELA

# VARIETIES OF ROSE

◊ ASHRAM

◊ BRIDE

◊ CHINATOWN

◊ DENMAN

◊ HONEY DIJON

◊ IDOLE

◊ LILI MARLENE

◊ LIMBO

◊ LUXOR

◊ MALIBU

◊ MARY ROSE

◊ MOHANA

◊ MOYES

◊ MYRIAM

◊ OTHELLO

◊ SNOW MAGIC

◊ ST SWITHUN

◊ TIFFANY

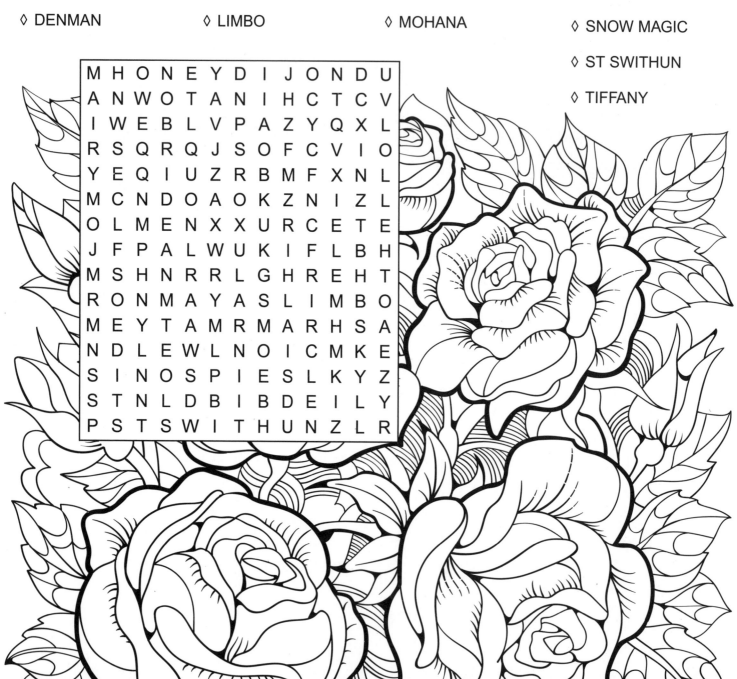

```
M H O N E Y D I J O N D U
A N W O T A N I H C T C V
I W E B L V P A Z Y Q X L
R S Q R Q J S O F C V I O
Y E Q I U Z R B M F X N L
M C N D O A O K Z N I Z L
O L M E N X X U R C E T E
J F P A L W U K I F L B H
M S H N R R L G H R E H T
R O N M A Y A S L I M B O
M E Y T A M R M A R H S A
N D L E W L N O I C M K E
S I N O S P I E S L K Y Z
S T N L D B I B D E I L Y
P S T S W I T H U N Z L R
```

# WATER

◊ BROOK

◊ CASCADE

◊ CHANNEL

◊ CONDENSATION

◊ DRIZZLE

◊ FLOOD

◊ ICE CUBE

◊ IRRIGATION

◊ OCEAN

◊ PIPES

◊ RAPIDS

◊ RIVER

◊ SHOWER

◊ SPLASH

◊ SPOUT

◊ SPRAY

◊ TORRENT

◊ WAVES

```
T U O P S L A R E S A A Y
O D O O L F E E A L S A E
F A R E S W H N S I R B L
J A M B O E F D N P W C Z
A C H H E T I X S A T A Z
N W S S Y P N A V B H S I
N O I T A S N E D N O C R
U A I R Q L S A R A W A D
E S B T A I P R E R N D G
N W P P A L I S C C O E X
F B L X I G T I A G O T B
K O O R B P I E S E A E F
B R E T J T E R G E B O E
M U R F Q D K S R I V E R
M O F E B U C E C I B P U
```

| S | H | E | N | T | E | D | S | H | O | A | T | E |
| T | D | E | T | N | E | C | S | G | S | A | N | V |
| A | I | S | U | I | Y | O | M | S | H | B | R | H |
| E | C | U | L | L | S | R | U | Y | C | E | E | L |
| M | H | B | T | M | Y | G | R | U | T | Q | G | A |
| G | E | Z | A | Y | A | G | R | A | N | S | N | U |
| N | R | E | W | R | B | I | W | E | M | N | E | H |
| I | R | G | I | R | Y | W | L | E | E | C | E | H |
| D | Y | T | R | R | S | H | L | L | I | U | T | B |
| N | E | I | R | A | T | L | D | D | I | O | X | P |
| U | A | E | R | A | I | M | E | H | O | W | I | E |
| O | H | V | I | N | E | R | V | T | S | C | S | P |
| S | S | H | G | O | A | H | B | V | A | Y | F | P |
| C | H | E | S | T | N | U | T | I | M | J | T | E |
| Y | A | J | E | G | N | E | V | E | R | R | E | R |

AS SUGAR
CHERRY
CIDER
WATER
SIXTEEN
SMELLING
SCENTED
DREAMS
BRIAR
CHESTNUT
TOOTH
MEATS
HEART
REVENGE
SHERRY
WILLIAM
PEPPERED
SONGBIRDS

15

**CREEPY-CRAWLIES**

◊ BEETLE

◊ COCKROACH

◊ EARWIG

◊ EGGS

◊ ELYTRA

◊ FLEA

◊ FROGHOPPER

◊ GNAT

◊ LARVA

◊ LEGS

◊ LOCUST

◊ MIDGE

◊ MITE

◊ NEST

◊ STING

◊ SWARM

◊ TICK

◊ WEEVIL

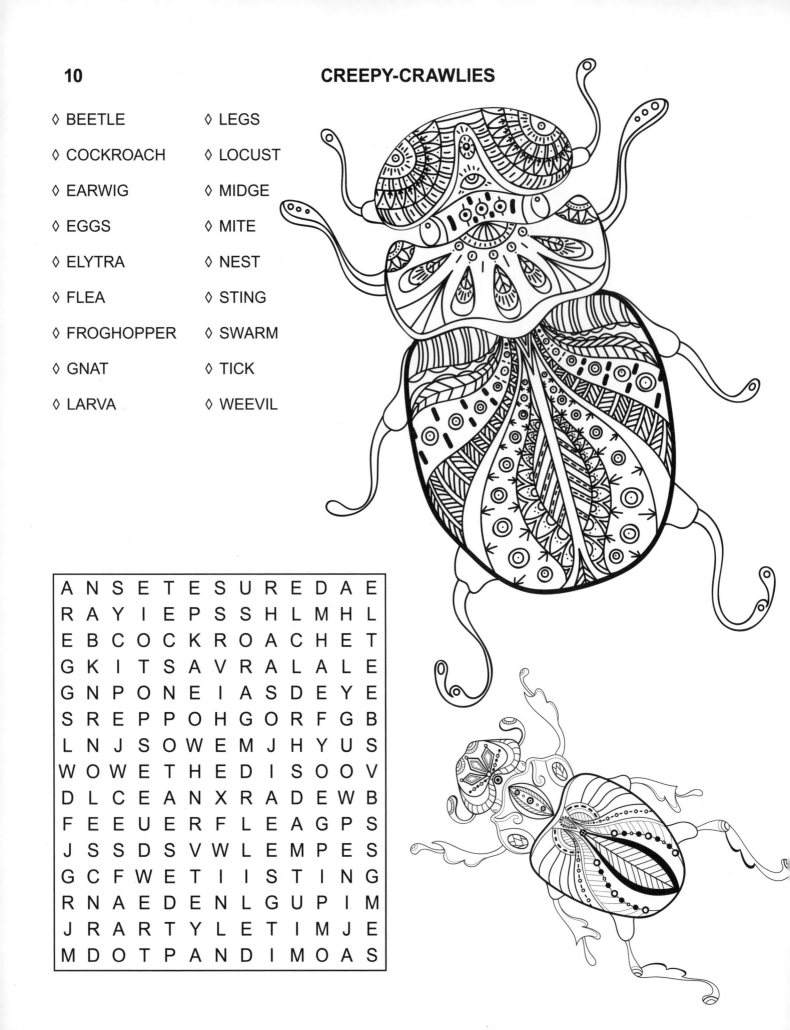

```
A N S E T E S U R E D A E
R A Y I E P S S H L M H L
E B C O C K R O A C H E T
G K I T S A V R A L A L E
G N P O N E I A S D E Y E
S R E P P O H G O R F G B
L N J S O W E M J H Y U S
W O W E T H E D I S O O V
D L C E A N X R A D E W B
F E E U E R F L E A G P S
J S S D S V W L E M P E S
G C F W E T I I S T I N G
R N A E D E N L G U P I M
J R A R T Y L E T I M J E
M D O T P A N D I M O A S
```

◊ APPARITIONAL

◊ CREATIVE

◊ DREAMY

◊ EERIE

◊ ELDRITCH

◊ ELFIN

◊ FAIRYLIKE

◊ FASCINATING

◊ GHOSTLY

◊ INVENTED

◊ LEGENDARY

◊ PRETEND

◊ ROMANTIC

◊ SPECTRAL

◊ SPIRITUAL

◊ UNCANNY

◊ UNREAL

◊ WEIRD

```
R D K W F I R D Y S Y S A
G T E E O P C A T T W P O
N V I N V E N T E D P E M
I L C H L Z T D K A Y C M
T A B R N E N R R Y M T C
A E S N O E G I D I A R U
N R Q P T M T E E I E A N
I N L E I I A W N C R L C
C U R I O R E N R D D O A
S P F N E R I E T E A I N
A G A I L E A T H I L R N
F L R V F T T V U I C U Y
E E E K I L Y R I A F S G
E Y O V N G H O S T L Y P
J B E H C T I R D L E N S
```

# TIME

◊ AFTERNOON

◊ ANNUAL

◊ CLOCK

◊ DURATION

◊ FUTURE

◊ HASTE

◊ HOURS

◊ INSTANT

◊ MILLISECOND

◊ MONTH

◊ PENDULUM

◊ REGULATOR

◊ RUSH

◊ SEASON

◊ SPELL

◊ SUNSET

◊ TEMPO

◊ WHILE

```
A A O R T I P F R I M E R
R S P E N D U L U M L F E
E P M P A M F W I J B D R
F E E L N O W N H G T N O
N L T V N N S P X I N O T
O L D S U T S H A I L C A
O H H W A H J O F D H E L
N W A N L H E U U D B S U
R L T S P Y H R J A U I G
E A S E C W A S P N E L E
T B A A V T C M S S F L R
F R W S I A T E A A H I O
A C L O C K T H N S T M M
P E N N D F U T U R E F V
A S K E S L U R R Y A R E
```

```
        C Y P F E
      X Z F A I O A T R
    K E I Z T C E T S E R
    I C O T P H T P H S B
    Z U N O L T L O U Z O A C
    S A N G A A R A C S U S H
    Y I I L B E G O N I A N O
    A V A S P I D I S T R A Y
    F C I K A L A N C H O E A
    M E M E C D I D S A N
    P E P E R O M I A T E
      A E N M U L O C R
        Y U C C A
```

◊ ALOCASIA    ◊ CACTUS     ◊ FITTONIA     ◊ PEPEROMIA

◊ ALOE        ◊ CALATHEA   ◊ HOYA         ◊ POTHOS

◊ ASPIDISTRA  ◊ COLUMNEA   ◊ IVY          ◊ YUCCA

◊ BEGONIA     ◊ FICUS      ◊ KALANCHOE    ◊ ZZ PLANT

# SUMMER

◊ AUGUST

◊ BANDSTAND

◊ BARBECUE

◊ BEACH

◊ BIKINI

◊ CAMPING

◊ HEATWAVE

◊ PARASOL

◊ PICNIC

◊ POLLEN

◊ ROSES

◊ SALAD

◊ SHORTS

◊ SURFING

◊ VACATION

◊ WARMTH

◊ WASPS

◊ YACHT

```
R K N N I C S H O R T S I
C A M P I N G V C E N U J
Z S N N X G N I O A V Y U
B N C O B R N E G Z E F J
B I N D I A E I L T C B W
P A K H A T N X F L R X G
P E R I X L A D P R O W E
K A R B N B A C S S U P U
H N R R E I L S A T G S W
T H C A Y C A D A V A A W
M R T U S U U H I O S N W
R I D G V O Z E V P E A D
A M N U N D L U S G S E H
W S E S O R E P P P Y M E
Z D W T M E V A W T A E H
```

◊ BELL

◊ CHIMES

◊ CLAVICHORD

◊ DRUM

◊ FIDDLE

◊ FIFE

◊ GONG

◊ GUITAR

◊ LUTE

◊ MOOG

◊ OBOE

◊ ORGAN

◊ PAN PIPES

◊ PIANO

◊ PICCOLO       ◊ TABOR

◊ SHAWM         ◊ WHIFFLE

H W F E V Y W G O C D N D
T E I L Q C S F U R Q D L
O W S D I E T L O I G B F
N V R D M X E H L B T A E
N U T I L T C N Z E O A N
M A H F U I D H C T B E R
L C T L V E T B D S M E A
D E O A G B W M E W Q A Q
N I L L R N V W A F Z E J
S C S M O E O H O G I L T
X H O C B C S G N E K F K
S O T I A H C U A N N F G
G Z A S T Y Y I I M C I S
M S E P I P N A P O F H A
T N O Z E K S R U U T W D

```
G R S Y O T F O K C A S O
S J G R U Y V V X C T C Y
E A E S H E E R Y F Z M L
C M L L P A R Q I R K A L
A O C O V I P G H O D H O
E S Q R H E C P J B E R H
P P Z A O C S E Y I C G E
I F J C N I I F S N O X V
O K R E W G D N Z K R L F
W B X U J A H X T V A R H
I O V D I M W O B N T U K
S S R A I T T E S N I O P
H O L I D A Y U V C O A W
E V C R Y I H S E T N A S
S T F N O B B I R B S B A
```

CAROLS FRUIT DECORATIONS
SACK OF TOYS
SPICES HAPPY
HOLIDAY GIFTS HOLLY
OXEN
RIBBON PEACE
POINSETTIA
ROBIN ELVES
SAINT NICHOLAS
MAGIC WISHES

```
        G L A D E
      J A I H A N X S P
    E Y G D T S E C G B T
    F Y A D R A L I A L N
    Y E P O Y I I A T D M E S
    P S Y L J M L T E E E M E
    P T A R E B R I M L R E R
    A I F T L A O O E I R S E
    H V M I S E S N N G Y U A
    E S A N C V U T H I M
    S E U C H E E R T L A
    F H B I R E R E M
        Y L L O J
```

◊ AMUSEMENT    ◊ ECSTASY      ◊ FUN       ◊ GLEE      ◊ MERRY

◊ BLISS        ◊ ELATION      ◊ GAY       ◊ HAPPY     ◊ MIRTH

◊ CHEER        ◊ EXCITEMENT   ◊ GIDDY     ◊ JOLLY     ◊ PLEASURE

◊ DELIGHT      ◊ FESTIVE      ◊ GLAD      ◊ JOY       ◊ REVELRY

**MOONS OF THE SOLAR SYSTEM**

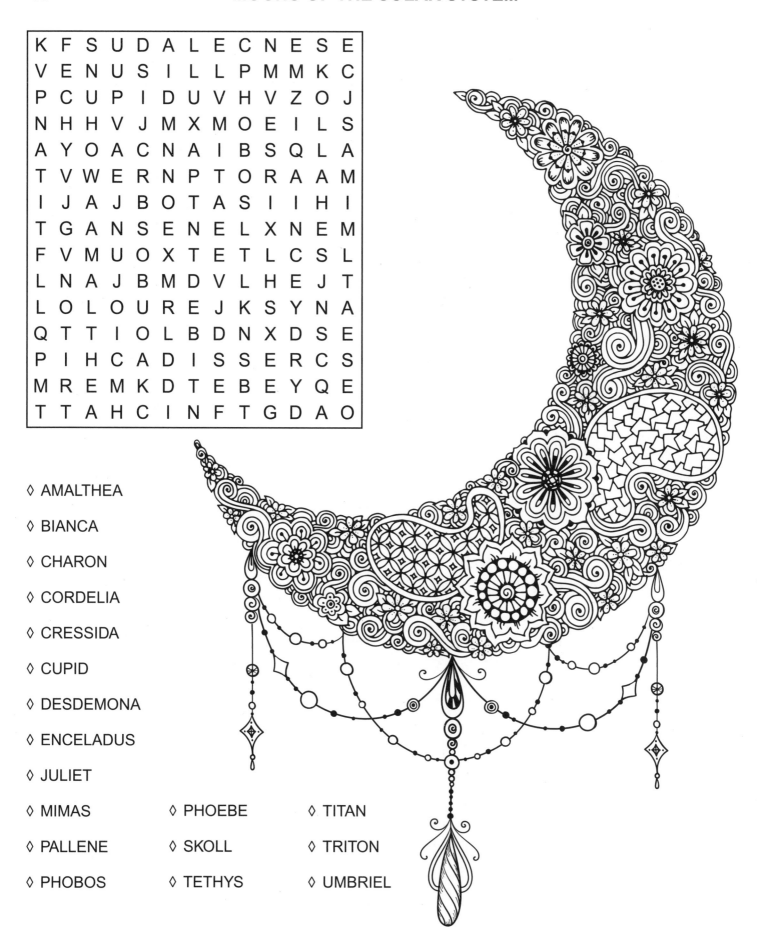

| K | F | S | U | D | A | L | E | C | N | E | S | E |
| V | E | N | U | S | I | L | L | P | M | M | K | C |
| P | C | U | P | I | D | U | V | H | V | Z | O | J |
| N | H | H | V | J | M | X | M | O | E | I | L | S |
| A | Y | O | A | C | N | A | I | B | S | Q | L | A |
| T | V | W | E | R | N | P | T | O | R | A | A | M |
| I | J | A | J | B | O | T | A | S | I | I | H | I |
| T | G | A | N | S | E | N | E | L | X | N | E | M |
| F | V | M | U | O | X | T | E | T | L | C | S | L |
| L | N | A | J | B | M | D | V | L | H | E | J | T |
| L | O | L | O | U | R | E | J | K | S | Y | N | A |
| Q | T | T | I | O | L | B | D | N | X | D | S | E |
| P | I | H | C | A | D | I | S | S | E | R | C | S |
| M | R | E | M | K | D | T | E | B | E | Y | Q | E |
| T | T | A | H | C | I | N | F | T | G | D | A | O |

◊ AMALTHEA

◊ BIANCA

◊ CHARON

◊ CORDELIA

◊ CRESSIDA

◊ CUPID

◊ DESDEMONA

◊ ENCELADUS

◊ JULIET

◊ MIMAS          ◊ PHOEBE          ◊ TITAN

◊ PALLENE          ◊ SKOLL          ◊ TRITON

◊ PHOBOS          ◊ TETHYS          ◊ UMBRIEL

```
S T C B A F H E N A V N E
L P E H A N E L S T E V M
G M I P I D D O C K Q U A
S N I R M T C A N G R L Y
R O E L U I O Q U O L S E
U T U H L L L N M E J A M
M I D C A E A Z T S A G K
D R T N R L P A T S O O O
H T O O T E C O U L T H O
K F Z C P N N W R R J A D
B A G N U E H E T I L U R
R D U R L T O A L D T Q T
N E T I R E N T E M L E H
E S L E A I O R D I P U B
R Y G V S P H E N I A L I
```

◊ CHITON

◊ CONCH

◊ HELMET            ◊ SPHENIA

◊ LIMPET             ◊ SPIRULA

◊ MILLEPORITE    ◊ STAR

◊ MORUM           ◊ STONE LILY

◊ NERITE             ◊ TOOTH

◊ PIDDOCK          ◊ TRITON

◊ QUAHOG          ◊ TRUNCATELLA

◊ RAZOR           ◊ TURTLE

```
E K S G F O U R T O P S M
L I E G E N E P I T N E Y
V N U S H Y P U D S R T A
I S L W E O O E N S E A A
S W B O N F R S N A A R N
P G Y D Z F T S M V L D A
R N D A N B R E R O M E T
E J O H W E H T G N N Y N
S E O S M A K U A O P D A
L J M A J C T T G D O L S
E V E N N H O L L I E S Y
Y R O C R B E I N A L E M
D S P I E O A K I N K S R
C K E P V Y E E D I K I K
R A V E I S O W Z G Q D K
```

◊ ARLO GUTHRIE     ◊ DREAMERS

◊ BEACH BOYS     ◊ ELVIS PRESLEY

◊ DONOVAN     ◊ FOUR TOPS

◊ GENE PITNEY     ◊ OSMONDS

◊ HOLLIES     ◊ SANTANA

◊ JOAN BAEZ     ◊ SHADOWS

◊ JOHN FRED     ◊ THE WHO

◊ KIKI DEE

◊ KINKS

◊ MELANIE

◊ MOODY BLUES

# MINDFULNESS

- ◊ CARING
- ◊ ENERGY
- ◊ ESSENCE
- ◊ FOCUS
- ◊ FREEDOM
- ◊ GRATITUDE
- ◊ LIGHT
- ◊ PEACE
- ◊ QUIET
- ◊ RECOGNITION
- ◊ REGARD
- ◊ RESPECT
- ◊ SPACE
- ◊ VIGILANCE
- ◊ VISION
- ◊ WAKEFULNESS
- ◊ WARMTH
- ◊ WISDOM

```
M E D I A Y Z M E C A E P
R E C O G N I T I O N G L
S O N R T E I U Q T E S G
T C E P S E R D R A G E R
S N H T M R A W D O V C A
E U N O I S I V N I A M T
I Y C I F Y M F G R O V I
B S Q O Q F Z I I D P C T
W A K E F U L N E S S U U
W X Z Y C A G E E E D G D
S I W X N N R T R C R B E
I Q S C B F E L C A A G Q
G F E D G I C S M E D P K
H N S T O P M X S S G E S
T H G I L M O B B E S F O
```

◊ BAIRD

◊ BAUDO

◊ BYNAR

◊ CHAPADA

◊ CREASE

◊ HOOSAC

◊ JURA

◊ KORYAK

◊ KRAG

◊ OUTENIQUA

◊ OWEN STANLEY

◊ ROMANZOF

◊ SAWTOOTH

◊ SWARTBERG

◊ TETON

◊ TRANSANTARCTIC

◊ TUXTLA

◊ ZAGROS

```
C N E T H O A R J F E R A
I O V A E O S B A U D O O
T A S A W T O O T H R Y S
C K L T W E O S W Z E A B
R C A T K U B N A L I A Y
A Y R R X H K G N C I U N
T T A E Y U R A H R K Q A
N G H V A O T A D A J I R
A L K H S S P K S E U N I
S M O U N A E H A E M E O
N W K E D U S R A Y S T A
A S W A R T B E R G R U S
R O M A S E O F Q A W O E
T U M M R A U J Y D H R K
T R E H F O Z N A M O R E
```

```
W E R E U Q I N A T R O O
O S A U G K P A O D S M P
N O P O I E P U R A F R I
N O G Y U E R J O O V W Y
I E O Q T S U G B H U I Y
K M U R U T T N L C H Y N
I D O Z A A A A A A Q O D
M G U O H U N H N L S K Y
R Y Q V A Q G S C A P A K
P A F X R M E U O M M N A
Y O N F A U R S X O I A N
Q G M G L K I O P N L Z O
N D D E P A N B D D G X M
H I X F L U E A B I U E E
U X G Y R O R K K N H L L
```

TANGERINE RANGPUR ETROG

KABOSU IYOKAN KIYOMI

YUZU ORTANIQUE

SHANGJUAN

AMANATSU CALAMONDIN OROBLANCO

LARAHA KUMQUAT

POMELO

UGLI LEMON

KINNOW

# SHARKS

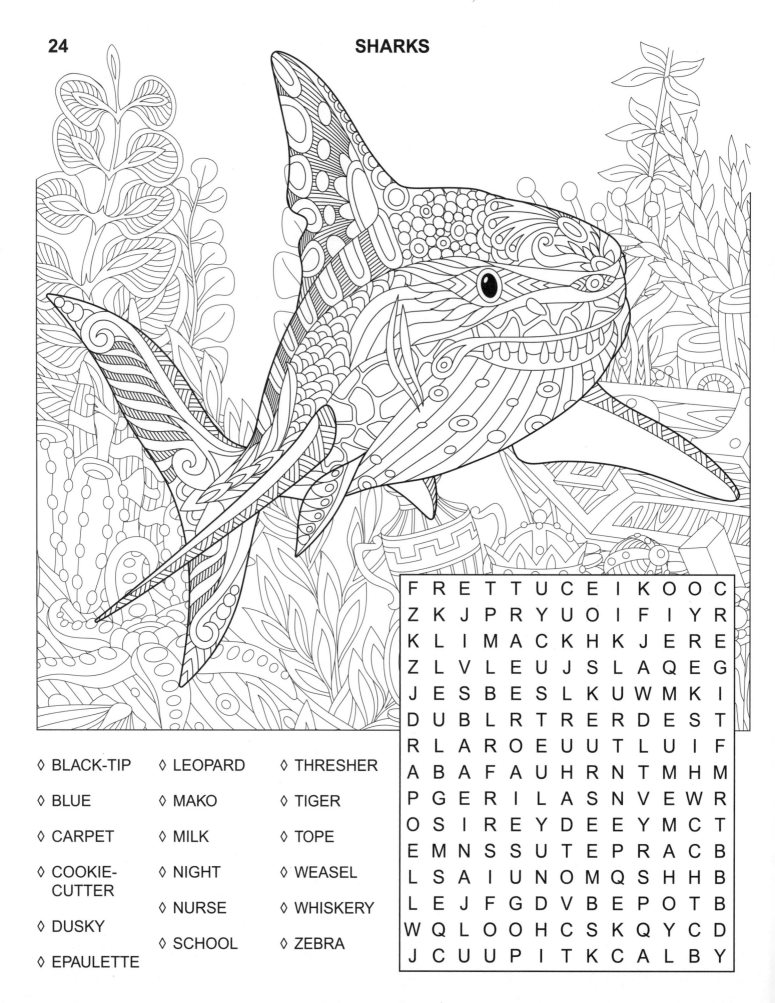

◊ BLACK-TIP

◊ BLUE

◊ CARPET

◊ COOKIE-
  CUTTER

◊ DUSKY

◊ EPAULETTE

◊ LEOPARD

◊ MAKO

◊ MILK

◊ NIGHT

◊ NURSE

◊ SCHOOL

◊ THRESHER

◊ TIGER

◊ TOPE

◊ WEASEL

◊ WHISKERY

◊ ZEBRA

| F | R | E | T | T | U | C | E | I | K | O | O | C |
|---|---|---|---|---|---|---|---|---|---|---|---|---|
| Z | K | J | P | R | Y | U | O | I | F | I | Y | R |
| K | L | I | M | A | C | K | H | K | J | E | R | E |
| Z | L | V | L | E | U | J | S | L | A | Q | E | G |
| J | E | S | B | E | S | L | K | U | W | M | K | I |
| D | U | B | L | R | T | R | E | R | D | E | S | T |
| R | L | A | R | O | E | U | U | T | L | U | I | F |
| A | B | A | F | A | U | H | R | N | T | M | H | M |
| P | G | E | R | I | L | A | S | N | V | E | W | R |
| O | S | I | R | E | Y | D | E | E | Y | M | C | T |
| E | M | N | S | S | U | T | E | P | R | A | C | B |
| L | S | A | I | U | N | O | M | Q | S | H | H | B |
| L | E | J | F | G | D | V | B | E | P | O | T | B |
| W | Q | L | O | O | H | C | S | K | Q | Y | C | D |
| J | C | U | U | P | I | T | K | C | A | L | B | Y |

# LOVE

```
B I N E           T N C H
B E N Z O I       A I O S U U
H E S I L W D C   H F P I J O E C
M M R W E G O P A I F R S T D U W
D P B U N L L R U O E G S C A S P
J E W E S D I W S H C A A E V I V
G A V L R A Z U C H T U P P H S E
L U O O I E F A M I L Y S S T
B V T L M R O R O P D E A
E T I R D T F N N R
E R O D A N E D E
Y D N M I N N
P R R O E
F F V
```

◊ ADMIRE          ◊ DEVOTION        ◊ IDOLIZE         ◊ RESPECT

◊ ADORE           ◊ FAMILY          ◊ LOVE            ◊ TREASURE

◊ AFFECTION       ◊ FONDNESS        ◊ PASSION         ◊ VENERATE

◊ CHERISH         ◊ FRIENDSHIP      ◊ PRIZE           ◊ WORSHIP

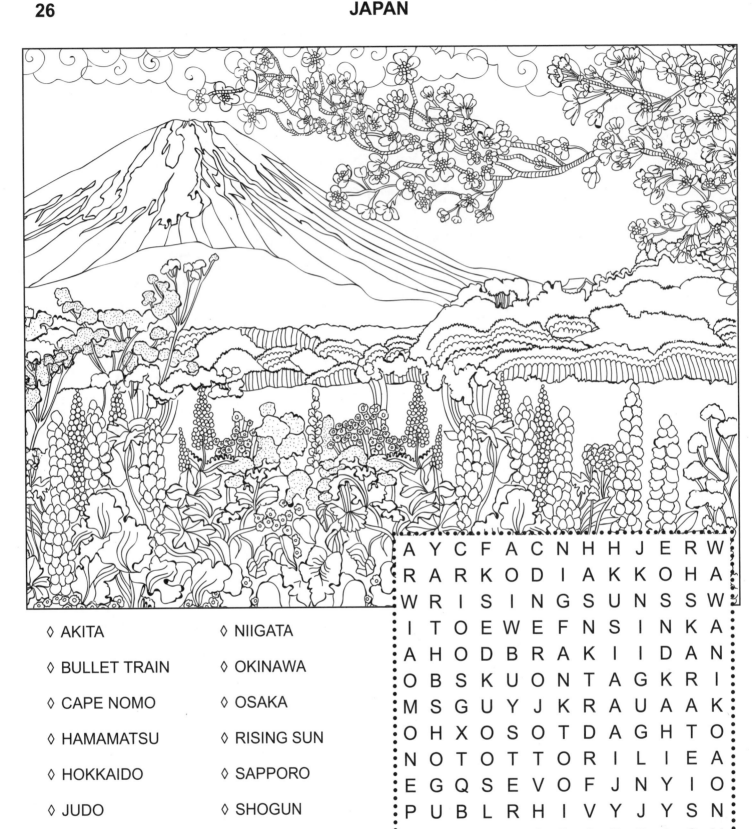

◊ AKITA

◊ BULLET TRAIN

◊ CAPE NOMO

◊ HAMAMATSU

◊ HOKKAIDO

◊ JUDO

◊ KARATE

◊ KOBE

◊ NAGOYA

◊ NIIGATA

◊ OKINAWA

◊ OSAKA

◊ RISING SUN

◊ SAPPORO

◊ SHOGUN

◊ SUSHI

◊ TOKYO

◊ TOTTORI

```
A Y C F A C N H H J E R W
R A R K O D I A K K O H A
W R I S I N G S U N S S W
I T O E W E F N S I N K A
A H O D B R A K I I D A N
O B S K U O N T A G K R I
M S G U Y J K R A U A A K
O H X O S O T D A G H T O
N O T O T T O R I L I E A
E G Q S E V O F J N Y I O
P U B L R H I V Y J Y S N
A N L I J O R O P P A S U
C U N A G O Y A Y K K J N
B P R U J U Y P A G K V N
G J U S T A M A M A H D O
```

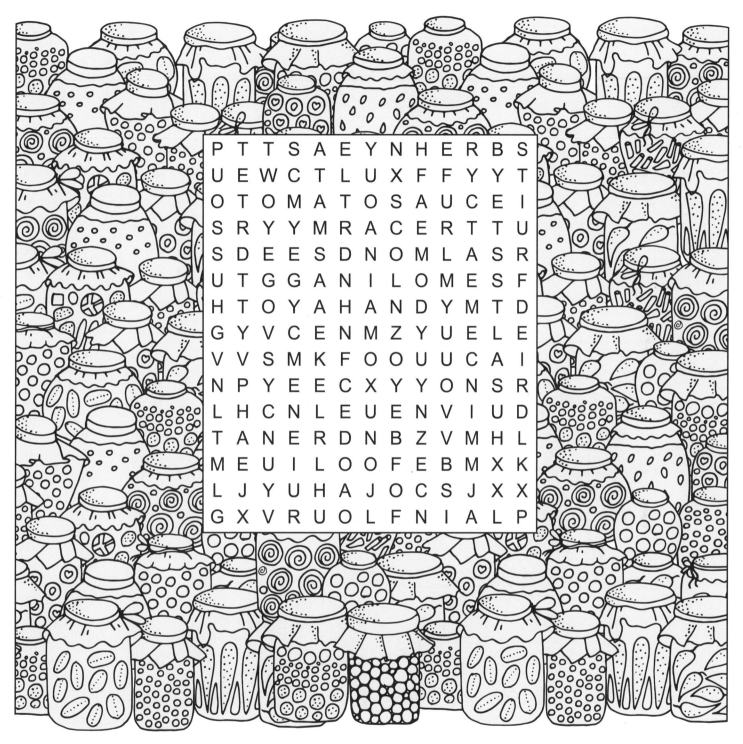

```
P T T S A E Y N H E R B S
U E W C T L U X F F Y Y T
O T O M A T O S A U C E I
S R Y Y M R A C E R T T U
S D E E S D N O M L A S R
U T G G A N I L O M E S F
H T O Y A H A N D Y M T D
G Y V C E N M Z Y U E L E
V V S M K F O O U U C A I
N P Y E E C X Y Y O N S R
L H C N L E U E N V I U D
T A N E R D N B Z V M H L
M E U I L O O F E B M X K
L J Y U H A J O C S J X X
G X V R U O L F N I A L P
```

◊ ALMONDS

◊ DRIED FRUIT

◊ FENNEL

◊ HERBS

◊ HONEY

◊ MACE

◊ MINCEMEAT

◊ NOODLES

◊ NUTMEG

◊ OREGANO

◊ PLAIN FLOUR

◊ SALT

◊ SEMOLINA

◊ SOUP

◊ STOCK CUBES

◊ THYME

◊ TOMATO SAUCE

◊ YEAST

# BIRDS

◊ DARTER

◊ DOVE

◊ EGRET

◊ GOOSE

◊ HERON

◊ HOODED CROW

◊ MAGPIE

◊ MERGANSER

◊ MOORHEN

◊ OSPREY

◊ OSTRICH

◊ OYSTERCATCHER

◊ RED KITE

◊ RHEA

◊ ROBIN

◊ ROOK

◊ STORK

◊ TURKEY

```
Y R M T N E H R O O M Q M
G E W O H V W E J S P C D
M H K O F A P T G T H L E
E C U R R D X R G R C Z T
R T J A U C X A V I P E I
G A Y O C T D D L C Q B K
A C I Y G O Q E J H C D D
N R G F V Q Y C D K A M E
S E B E G O O S E O G K R
E T Q N M G S H K Y O P I
R S O R V A U P E F P H K
R Y R R A Q G H R R K O P
Y O R H K G I P I E O Q Y
T E R G E N F U I R Y N Y
N I B O R A K Y G E Q W F
```

# LOVING WORDS

◊ ADMIRER ◊ DARLING ◊ DOTING ◊ HARMONY ◊ LOVER ◊ REVERE

◊ AGREEABLE ◊ DEAREST ◊ ECSTASY ◊ INFATUATION ◊ LOVING ◊ ROMANCE

◊ CHERISH ◊ DESIRE ◊ GENTLE ◊ INTIMATE ◊ POPPET ◊ SUGAR

```
F E M G R X R E V E R E B
G H Y E S U G A R N E U U
H S G N I L R A D O V D C
Z I E T G F T M E I O G R
U R C L W S N R X T L N R
I E S E E Y I E I A Y I V
A H T R F S C N G U N V A
O C A B E N G R O T O O L
W E S D A S E W Z A M L W
D D Y M M E S V P F R F P
F U O I A I B E X N A W O
T R C B B E R C U I H C P
W H L G N U G E B A S P P
D E J K B A G B R C V F E
W E T A M I T N I D S V T
```

# POETS

- ◊ BELLINGHAM
- ◊ BERRY
- ◊ BLAKE
- ◊ BOOTH
- ◊ ENGLE
- ◊ FLINT
- ◊ GLUCK
- ◊ GONZALES
- ◊ GRAY
- ◊ HOLLANDER
- ◊ LEVINE
- ◊ NASH
- ◊ OWEN
- ◊ PAINE
- ◊ PYE
- ◊ ROLLS
- ◊ SHAKESPEARE
- ◊ SHAW

```
K P Y D L E M Y N N E R V
A A Y L A F A N R E R O R
A I R P S N H A G Y V E Y
Q N R O M E G O Y T Z R A
E E E E N F N Q N J B A A
H Y B I A Z I I E L E E S
O S V W A I L P A H R P O
L E S L U F L K E N A S H
L J E L G N E R P I P E M
A S C M S E B G L U C K Y
N I D L B U G E F T T A C
D E L H S O T Y R B R H R
E O R N E W O E W G A S E
R W A H S A U T Y E S Y E
V E R V A N E L H E P A D
```

```
K R A T S F G V R C G Q L
L H H S R A H A I B U C U
T L P K R K P S R V Q L F
N G N I L K N I W T I I R
E Q S L U L L E C B G D E
C H F P R L W A S X T N E
S Y P T I A U E D H J G H
E U H A D M S S P C O I C
D Z N S S N R L T K N W Q
N T K N E I I A Q R O M Y
A N B T Y G L E E R O I Q
C K N E H E A V W L E U G
N I U T E P L A E N C E S
I D I C U L L E P R B P Y
W E D I D N E L P S Y E U
```

◊ BRILLIANT

◊ CHEERFUL

◊ CLEAR

◊ GARISH

◊ HARSH

◊ INCANDESCENT

◊ INTENSE

◊ LIGHT

◊ LURID

◊ LUSTROUS

◊ PELLUCID

◊ SHOWY

◊ SILVERY

◊ SPLENDID

◊ STARK

◊ SUNNY

◊ TWINKLING

◊ VIVID

# CLOTHING

◊ APRON

◊ BOOTS

◊ BOWLER HAT

◊ GALOSHES

◊ HEADSCARF

◊ JACKET

◊ JEANS

◊ MACKINTOSH

◊ PETTICOAT

◊ PUMPS

◊ SARI

◊ SHIRT

◊ SHORTS

◊ SKIRT

◊ TABARD

◊ TUXEDO

◊ UNDERPANTS

◊ VEST

| B | P | J | J | S | O | F | U | O | A | X | P | H |
| Y | J | S | H | O | R | T | S | D | C | S | H | I |
| P | C | I | Q | I | B | R | J | E | A | N | S | R |
| E | R | V | S | K | U | I | H | X | O | S | I | A |
| T | S | K | F | T | T | K | K | U | V | T | J | S |
| T | T | T | L | R | N | S | U | T | X | S | A | D |
| I | S | A | O | T | A | A | U | K | E | A | C | B |
| C | F | B | H | O | U | C | P | H | V | K | K | M |
| O | N | A | T | R | B | B | S | R | Q | U | E | I |
| A | P | R | O | N | E | O | Q | D | E | T | T | R |
| T | F | D | B | Y | L | L | S | X | A | D | D | N |
| P | T | L | C | A | O | G | W | P | J | E | N | U |
| O | P | O | G | T | S | E | V | O | M | Z | H | U |
| Y | N | T | D | V | C | V | V | Q | B | U | S | A |
| J | H | S | O | T | N | I | K | C | A | M | P | E |

```
D R A M S E B E D A R A P
I P T S Y C C U S M S S
G R M N T N L C B R V E E
E O Y O I R I O O E L J T
V C K T R H E N W C P S M
A E S A A M L E Y N E P A
T S E B H T U C T A S O J
S S S L C S R Z C D R L O
E I R W H O C U W M S I R
I O O V T T C M C D R C E
F N H O E S Z I R K S E T
H G M G N P G A S D S G T
S M U R D S W A N U W A E
T O A O N A Z A L H M G S
N R A T E S B E D F A R R
```

◊ AWARDS

◊ BANDS

◊ BATONS

◊ CHARITY

◊ CLOWNS

◊ DANCERS

◊ DRUMS

◊ FIESTA

◊ FLAGS

◊ HORSES

◊ MAJORETTES

◊ MOTORCYCLES

◊ MUSIC

◊ PARADE

◊ POLICE

◊ PROCESSION

◊ STREET

◊ TRUCKS

G T A I E T I H W S A B I
A I E J G T C H E X S R B
V B G N I L E E J R A D E
E C L E N N R L A I B E A
N S H O S C D O E E J A L
T I L I E C O I E I D H L
E E S Y N D B M A D U Y N
V O L A G A N E T N I E S
L O P O D U S V A E E R A
N A M U H M I N W R M G T
J A L C W A R T G Y A Y A
S L H N A I S S U R S D O
A U C A E I A S E V S A S
Y A R A T N A P U R A L A
C I J U A H C T A M Z E S

MATCHA

HERBAL UJI

WHITE

GREEN

ASSAM

JAPAN

CEYLON

CHINA

LADY GREY

HUNAN

RUSSIAN

GINSENG

BADULLA

RATNAPURA

CHUN MEE

DOOARS

DARJEELING INDIA

43

# SAFARI PARK

◊ ANIMALS

◊ BREEDING

◊ CAMELS

◊ CHIMPANZEES

◊ COATIS

◊ CONSERVATION

◊ ELANDS

◊ ELEPHANTS

◊ HABITAT

◊ LEMURS

◊ LIONS

◊ LLAMAS

```
C O A T I S S O S E S F H
N S Y E K N O M F S A E G
H S J O O C K L A E R A S
C G T I Y M Q L P E B V W
Q O L A R U T A N Z E U S
N H N P T E T M Z N Z L L
E T F S S I L A Q A M N A
L R E M E L B S P P I E M
E A P A L R E A P M C R I
P W I L T A V M H I X A N
H M O G I N P A A H E B A
A K N N W G Q H T C C L A
N G N I D E E R B I O E D
T L E M U R S P T W O N A
S K E Y U S D N A L E N T
```

◊ MONKEYS

◊ NATURAL

◊ RANGERS

◊ VULNERABLE

◊ WARTHOGS

◊ ZEBRAS

# SUMMERTIME

```
        Y Z A H B
      Q U H E G S A V E
    G U U K S N E R E S N
    N M A Z G I Y B L U O
  I I S L Y N P A E C L I U
  D M F T R I M V C I T T E
  W M D I O F A I U N R A S
  T I U R F R C S E C Y C A
  D W H A T U M V H I E A L
    S O C H S N S F P E V
    I U M A E R C E C I D
    R B S E A S I D E
        C Y B T Z
```

◊ BARBECUE    ◊ HAZY    ◊ PICNIC    ◊ SURFING

◊ BEACH    ◊ HEAT    ◊ SEASIDE    ◊ SWIMMING

◊ CAMPING    ◊ HUMID    ◊ STORMS    ◊ TRAVEL

◊ FRUIT    ◊ ICE CREAM    ◊ SULTRY    ◊ VACATION

**COUNTRIES OF THE AMERICAS**

◊ ARGENTINA
◊ BELIZE
◊ BOLIVIA
◊ BRAZIL
◊ CANADA
◊ CHILE

◊ COLOMBIA
◊ CUBA
◊ DOMINICA
◊ EL SALVADOR
◊ GUYANA
◊ HAITI

◊ HONDURAS
◊ MEXICO
◊ PANAMA
◊ PERU
◊ SURINAME
◊ URUGUAY

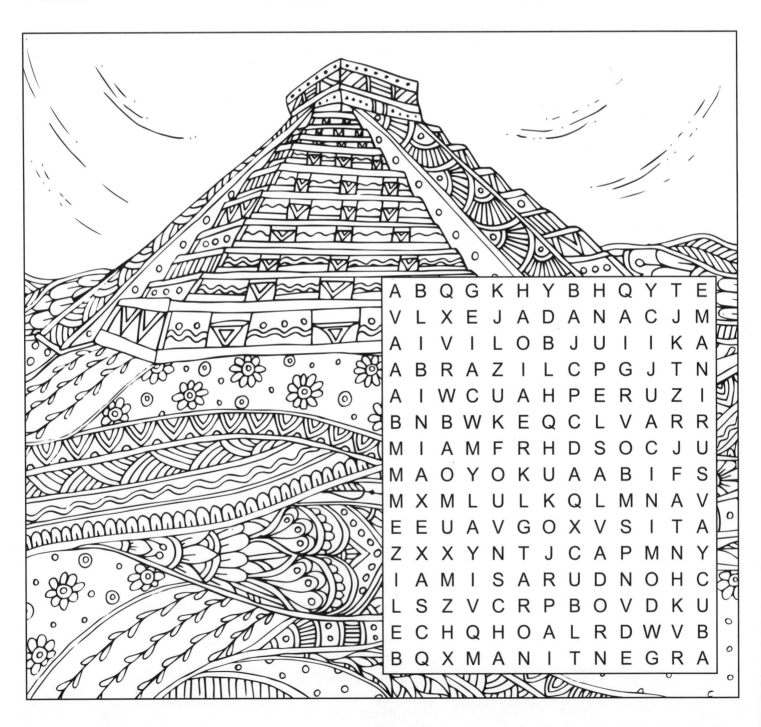

A B Q G K H Y B H Q Y T E
V L X E J A D A N A C J M
A I V I L O B J U I I K A
A B R A Z I L C P G J T N
A I W C U A H P E R U Z I
B N B W K E Q C L V A R R
M I A M F R H D S O C J U
M A O Y O K U A A B I F S
M X M L U L K Q L M N A V
E E U A V G O X V S I T A
Z X X Y N T J C A P M N Y
I A M I S A R U D N O H C
L S Z V C R P B O V D K U
E C H Q H O A L R D W V B
B Q X M A N I T N E G R A

**CAMPING**

```
B T O O K L F L A H L E R
W N S N F E R E T R E A T
E E G T F A L C D L E S A
F T S R A A D T T I I J A
R O A T N K E E T N U G R
N M I T O Y E N U E B G A
E R E L P V R S P F K H W
K R A O M O E E E E M H N
N E L R E E J P N B A M I
I E R A L H A R F E T E N
S A T E A C L L L W C S G
N A M L S F A V S G H S P
P E M E Y S Q E N K E K U
A W Q F K M A E R T S I N
E R U T A N U U W H Z T E
```

◊ AWNING        ◊ FRAME        ◊ LANTERN        ◊ POLES        ◊ STAKES

◊ ESCAPE        ◊ GUIDE        ◊ MATCHES        ◊ RETREAT      ◊ STOVE

◊ FLASK         ◊ KETTLE       ◊ MESS KIT       ◊ SCENERY      ◊ STREAM

◊ FOIL MEALS                   ◊ NATURE                        ◊ TENT

# NURSERY RHYMES

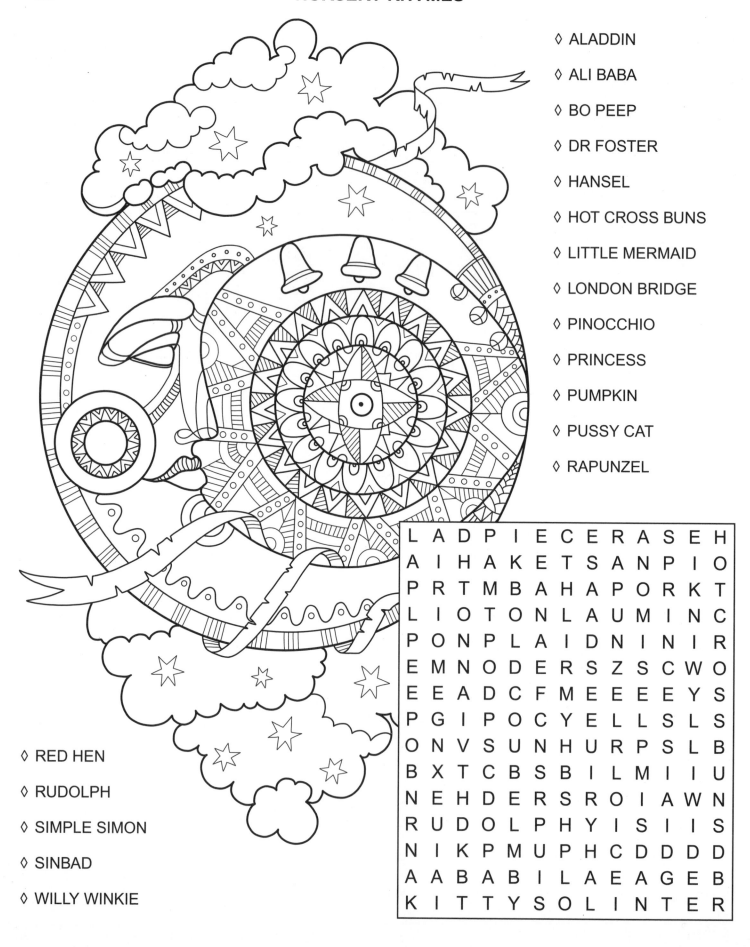

◊ ALADDIN

◊ ALI BABA

◊ BO PEEP

◊ DR FOSTER

◊ HANSEL

◊ HOT CROSS BUNS

◊ LITTLE MERMAID

◊ LONDON BRIDGE

◊ PINOCCHIO

◊ PRINCESS

◊ PUMPKIN

◊ PUSSY CAT

◊ RAPUNZEL

◊ RED HEN

◊ RUDOLPH

◊ SIMPLE SIMON

◊ SINBAD

◊ WILLY WINKIE

| L | A | D | P | I | E | C | E | R | A | S | E | H |
|---|---|---|---|---|---|---|---|---|---|---|---|---|
| A | I | H | A | K | E | T | S | A | N | P | I | O |
| P | R | T | M | B | A | H | A | P | O | R | K | T |
| L | I | O | T | O | N | L | A | U | M | I | N | C |
| P | O | N | P | L | A | I | D | N | I | N | I | R |
| E | M | N | O | D | E | R | S | Z | S | C | W | O |
| E | E | A | D | C | F | M | E | E | E | E | Y | S |
| P | G | I | P | O | C | Y | E | L | L | S | L | S |
| O | N | V | S | U | N | H | U | R | P | S | L | B |
| B | X | T | C | B | S | B | I | L | M | I | I | U |
| N | E | H | D | E | R | S | R | O | I | A | W | N |
| R | U | D | O | L | P | H | Y | I | S | I | I | S |
| N | I | K | P | M | U | P | H | C | D | D | D | D |
| A | A | B | A | B | I | L | A | E | A | G | E | B |
| K | I | T | T | Y | S | O | L | I | N | T | E | R |

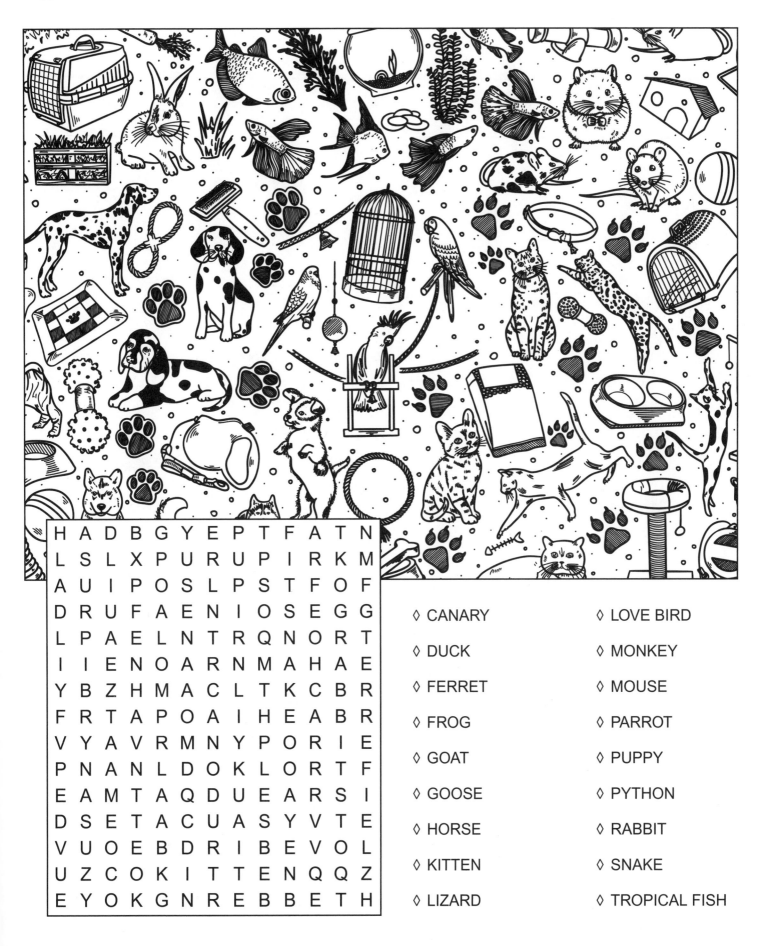

| | | | | | | | | | | | |
|---|---|---|---|---|---|---|---|---|---|---|---|
| H | A | D | B | G | Y | E | P | T | F | A | T | N |
| L | S | L | X | P | U | R | U | P | I | R | K | M |
| A | U | I | P | O | S | L | P | S | T | F | O | F |
| D | R | U | F | A | E | N | I | O | S | E | G | G |
| L | P | A | E | L | N | T | R | Q | N | O | R | T |
| I | I | E | N | O | A | R | N | M | A | H | A | E |
| Y | B | Z | H | M | A | C | L | T | K | C | B | R |
| F | R | T | A | P | O | A | I | H | E | A | B | R |
| V | Y | A | V | R | M | N | Y | P | O | R | I | E |
| P | N | A | N | L | D | O | K | L | O | R | T | F |
| E | A | M | T | A | Q | D | U | E | A | R | S | I |
| D | S | E | T | A | C | U | A | S | Y | V | T | E |
| V | U | O | E | B | D | R | I | B | E | V | O | L |
| U | Z | C | O | K | I | T | T | E | N | Q | Q | Z |
| E | Y | O | K | G | N | R | E | B | B | E | T | H |

◊ CANARY          ◊ LOVE BIRD

◊ DUCK            ◊ MONKEY

◊ FERRET          ◊ MOUSE

◊ FROG            ◊ PARROT

◊ GOAT            ◊ PUPPY

◊ GOOSE           ◊ PYTHON

◊ HORSE           ◊ RABBIT

◊ KITTEN          ◊ SNAKE

◊ LIZARD          ◊ TROPICAL FISH

```
F O U R B I L L I O N L L
I N I N E T Y D E Y N W D
E Y N C O O F N M O I N T
K L E K G N I A V I A S W
N T E U Y A V S D S I E E
E W T V T U E U U X M V N
E E F P E I T O T F I E T
T L I D G N H H K N E N Y
X V F H S T O T H I R T Y
I E T S N U U E E R R Y O
S Y K E S F S N O O D S S
P N V A W I A I F T Q I I
T E N N O A N N E N K X X
S D A L H E D Y T F I F T
D E R D N U H N E V E S Y
```

EIGHTY SEVEN HUNDRED
FIVE THOUSAND FIFTEEN
NINE THOUSAND
THIRTY SIXTY
SEVEN THOUSAND
FOUR BILLION SEVENTY-SIX
SIXTEEN
TWELVE
FORTY
ELEVEN
FIFTY
TWENTY
SIX THOUSAND
NINE

# EGGS

◊ ALBUMEN

◊ BEATER

◊ BENEDICT

◊ BOILED

◊ BOUND

◊ CHICKEN

◊ CUPS

◊ DUCK

◊ FLIP

◊ GOOSE

```
L D C E L W K R T E U V J
A E A H T I E Y C L I J A
Y L G N I T A B U C N I I
I B P F A C L U O Q U R B
N M F E T H K X Q U G P N
G A B L X C A E L S N R S
R R E B I F I D N A F D I
J C Q Y O P W D H X M D G
C S L N R I Z W E M V U N
D F P O E K L D D N D C I
M H U O G M Y E N P E K H
D Z A P B V U Q D F A B C
A Q E S O O G B R E M I T
K Y V K K R A Q L M E U A
W Y W H C I W D N A S D H
```

◊ HATCHING

◊ INCUBATING

◊ LAYING

◊ QUAIL

◊ SANDWICH

◊ SCRAMBLED

◊ SPOON

◊ TIMER

◊ AUSTRIA

◊ BANGLADESH

◊ BOTSWANA

◊ CANADA

◊ DJIBOUTI

◊ ENGLAND

◊ GAMBIA

◊ HUNGARY

◊ ITALY

| T | I | E | A | V | A | N | T | L | A | N | T | E |
| R | R | O | N | I | O | U | D | N | A | L | O | P |
| E | E | F | B | A | N | G | L | A | D | E | S | H |
| T | L | M | C | I | R | E | I | A | S | I | U | U |
| S | I | O | S | M | O | B | V | K | J | G | K | N |
| C | N | I | C | D | M | O | R | O | C | C | O | G |
| Y | A | F | K | A | N | N | K | V | L | A | O | A |
| L | D | N | G | N | O | A | A | W | K | S | B | R |
| A | J | E | A | M | I | Y | L | D | A | A | O | Y |
| T | I | O | W | D | E | G | Z | G | U | U | T | O |
| I | B | R | R | K | A | L | E | S | N | S | S | K |
| I | O | D | R | D | U | N | T | R | Z | E | W | Y |
| A | U | U | L | N | A | R | I | N | L | Y | A | G |
| G | T | K | E | I | I | N | O | A | L | Y | N | O |
| U | I | E | J | A | Z | K | W | V | J | A | A | Y |

◊ JORDAN

◊ MOROCCO

◊ NIGER

◊ POLAND

◊ SLOVENIA

◊ SUDAN

◊ TUNISIA

◊ TURKEY

◊ WALES

# GARDEN CREATURES

```
E S E A R X A
Y M E N D O E P A
F O L A B T R G D S E
Y T R P F I E N I M I A S
H L H O U N I L W B V P W
H I F Q G W O O B G U L S
D N S R E S R G W M E P D
N O N C E M K I A R U B A
M A A T A T E O R R E B O
M L I C E N T I P E D E T
O L D A T U U T W X P
L E U Q N L B G P
E S I E A A O
```

| | | | | |
|---|---|---|---|---|
| ◊ ANT | ◊ BUMBLEBEE | ◊ FROG | ◊ MOTH | ◊ SQUIRREL |
| ◊ APHID | ◊ BUTTERFLY | ◊ LACEWING | ◊ SLUG | ◊ TOAD |
| ◊ BEETLE | ◊ CENTIPEDE | ◊ MOLE | ◊ SNAIL | ◊ WASP |
| ◊ BIRD | ◊ DRAGONFLY | ◊ MOSQUITO | ◊ SPIDER | ◊ WORM |

```
D E N D R E T S E H C V O
G A C E D N O R W A C H E
S I D R E R N O R W I C H
R T W B X Q O E A C A B U
E D O Y E Y T F H D A R O
D S A K T S N T X Y S B P
E R X B E N U E R O L R N
L J O C R O O T E I I D
S B I F M I N D K I N G R
I E U Y E E S T N V C H O
L D L S V R E T R O O T F
R P E O O X E U O E L O L
A R C S E P M H M L N N A
C X O N E S N A B L A T S
H A L I F A M M A H R U D
```

◊ BRIGHTON          ◊ HEREFORD

◊ BRISTOL           ◊ LEICESTER

◊ CARLISLE          ◊ LINCOLN

◊ CHESTER           ◊ LONDON

◊ COVENTRY          ◊ NORWICH

◊ DERBY             ◊ OXFORD

◊ DURHAM

◊ EXETER

◊ PLYMOUTH

◊ SALFORD

◊ ST ALBANS

◊ STOKE-ON-TRENT

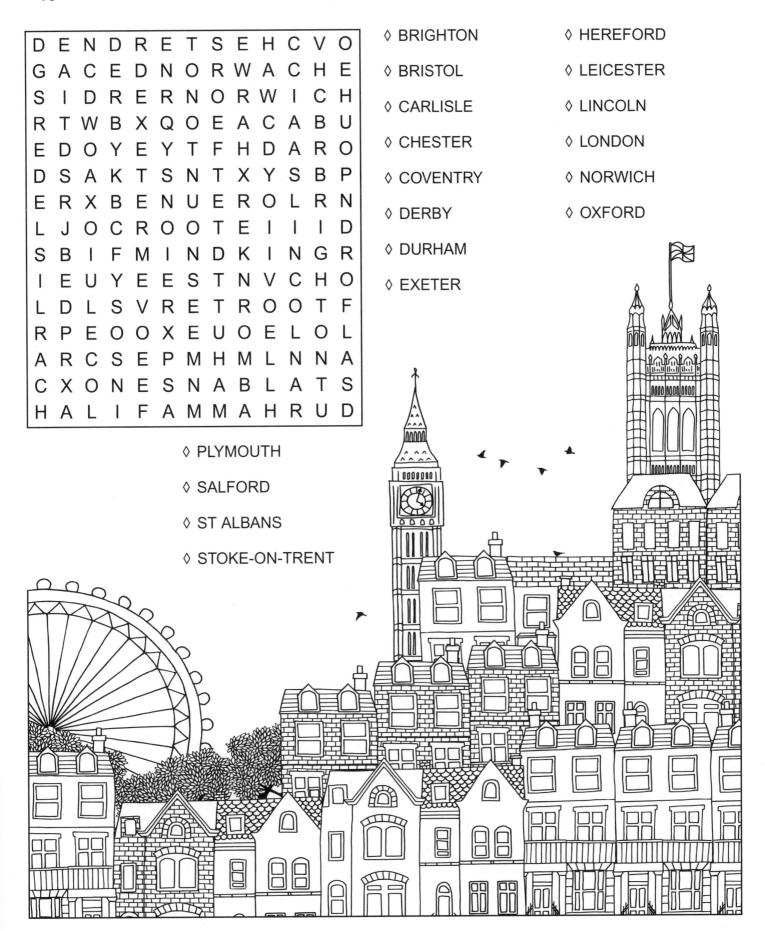

```
P R A P S Y C V N E S T L
E M T E D R V O J E H T E
N N E A P R M H F F L E M
A A T N D E J A D F H B A
T P G U L H T Z A O E R R
I I R T P C U E N T Q E A
L Z E I P R A L I N E H C
O R E K C A W N T J M S D
P A N V H O L U U A M H E
A M T E L F T T N R W R T
E K E N U P C G O F N M L
N U A E J J O X C K F Y A
U D A O R Y K C O R P K S
H C A E P P O T C S I E E
S E Y R R E B E U L B A N
```

◊ APRICOT    ◊ COFFEE    ◊ LEMON    ◊ PEACH    ◊ ROCKY ROAD

◊ BLUEBERRY    ◊ GREEN TEA    ◊ MANGO    ◊ PEANUT    ◊ SALTED CARAMEL

◊ CHERRY    ◊ HAZELNUT    ◊ MARZIPAN    ◊ PRALINE    ◊ SHERBET

◊ COCONUT    ◊ NEAPOLITAN    ◊ TOFFEE

# BALLETS

```
L A E S M E R A L D A X V
I I A K J P A O U R I N X
Z A A I A F M V D O W O N
D Y T R R L A N O E B Q A
X N U I T O N F F Y O I O
B H Y D U X O A O L L E M
B Z N R O Q N T W E K R G
L O A I H P A H P S D E N
P N L B C N V P T S N D I
I E H E R Y O Q Y I N A L
T G W R R C I L D E A Y R
V I K I D O V N M Q X A E
D N C F L I O R I Q Z B Y
E D K B A W A G I N E A A
E T T E H C O L C A L L M
```

◊ ANYUTA          ◊ MANON

◊ BOLERO          ◊ MAYERLING

◊ CARMEN          ◊ ONDINE

◊ CHOUT           ◊ ONEGIN

◊ COPPELIA        ◊ PAQUITA

◊ FIREBIRD        ◊ RODEO

◊ LA BAYADERE     ◊ SWAN LAKE

◊ LA CLOCHETTE    ◊ SYLVIA

◊ LA ESMERALDA    ◊ TOY BOX

# AT HOME

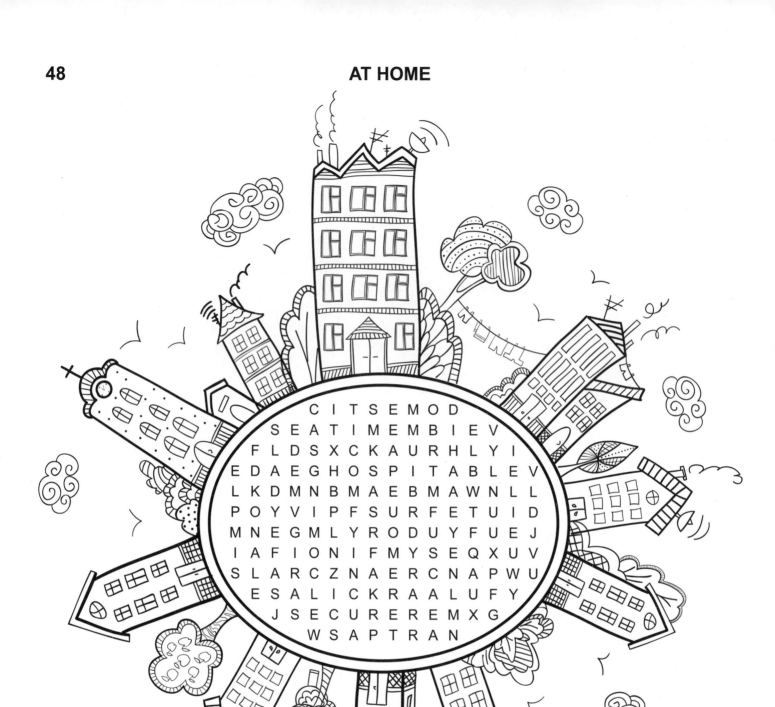

```
        C I T S E M O D
      S E A T I M E M B I E V
    F L D S X C K A U R H L Y I
    E D A E G H O S P I T A B L E V
    L K D M N B M A E B M A W N L L
    P O Y V I P F S U R F E T U I D
    M N E G M L Y R O D U Y F U E J
    I A F I O N I F M Y S E Q X U V
    S L A R C Z N A E R C N A P W U
    E S A L I C K R A A L U F Y
      J S E C U R E R E M X G
        W S A P T R A N
```

◊ COMFY      ◊ HOSPITABLE   ◊ PEACEFUL   ◊ SECURE   ◊ TRANQUIL

◊ DOMESTIC   ◊ INFORMAL     ◊ RELAXED    ◊ SIMPLE   ◊ WARM

◊ FAMILIAR   ◊ MODEST       ◊ SAFE       ◊ SNUG     ◊ WELCOMING

# BIRTHDAY PARTY

◊ CAKE

◊ CANDLES

◊ CARDS

◊ ENTERTAINER

◊ FAMILY

◊ FOOD

◊ FRIENDS

◊ GAMES

◊ HAPPY

◊ HATS

◊ ICE CREAM

◊ MARQUEE

◊ MUSIC

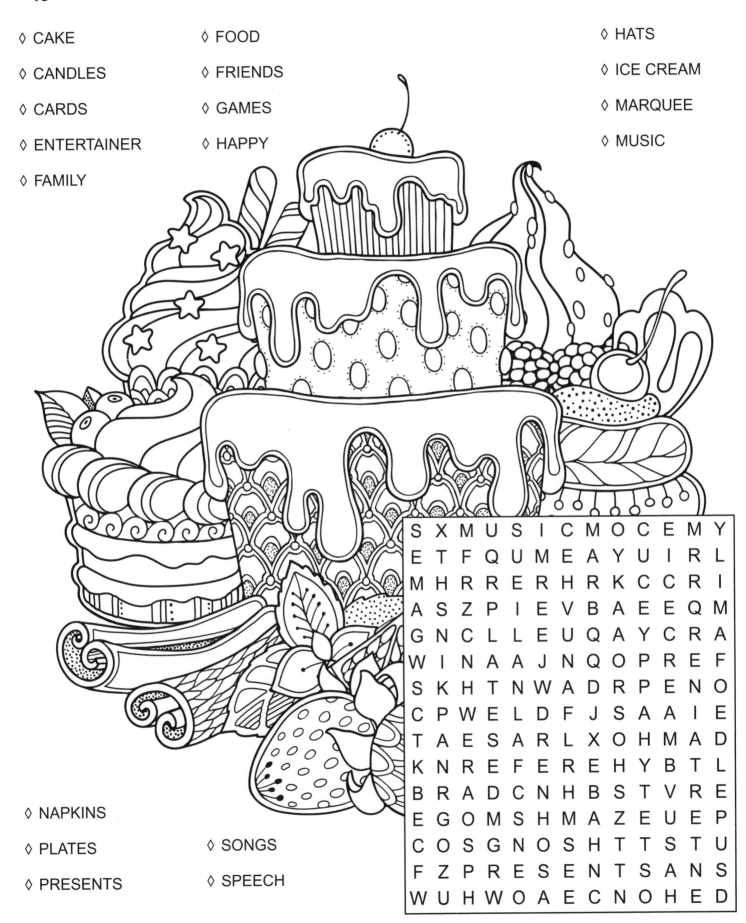

◊ NAPKINS

◊ PLATES

◊ PRESENTS

◊ SONGS

◊ SPEECH

S X M U S I C M O C E M Y
E T F Q U M E A Y U I R L
M H R R E R H R K C C R I
A S Z P I E V B A E E Q M
G N C L L E U Q A Y C R A
W I N A A J N Q O P R E F
S K H T N W A D R P E N O
C P W E L D F J S A A I E
T A E S A R L X O H M A D
K N R E F E R E H Y B T L
B R A D C N H B S T V R E
E G O M S H M A Z E U E P
C O S G N O S H T T S T U
F Z P R E S E N T S A N S
W U H W O A E C N O H E D

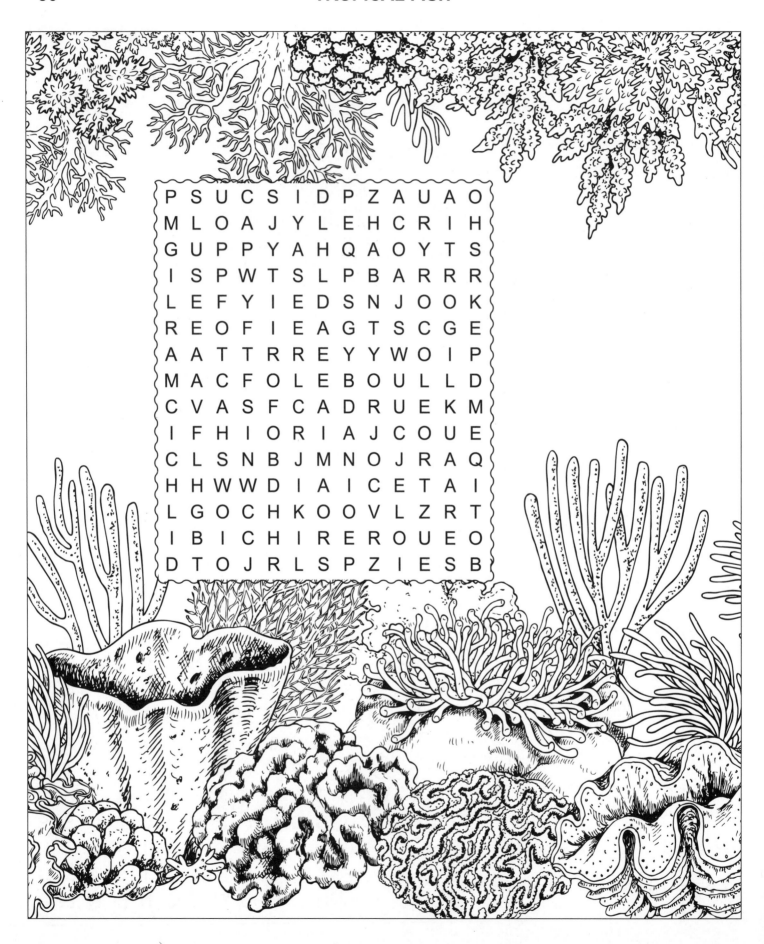

```
P S U C S I D P Z A U A O
M L O A J Y L E H C R I H
G U P P Y A H Q A O Y T S
I S P W T S L P B A R R R
L E F Y I E D S N J O O K
R E O F I E A G T S C G E
A A T T R R E Y Y W O I P
M A C F O L E B O U L L D
C V A S F C A D R U E K M
I F H I O R I A J C O U E
C L S N B J M N O J R A Q
H H W W D I A I C E T A I
L G O C H K O O V L Z R T
I B I C H I R E R O U E O
D T O J R L S P Z I E S B
```

ROSY BARB DANIO RAM CICHLID ANGELFISH

OTOCINCLUS

DISCUS GUPPY RED PACU TETRA

CORY BICHIR PLECO CATFISH OSCAR

GOURAMI

RASBORA

A JULIE

PLATY

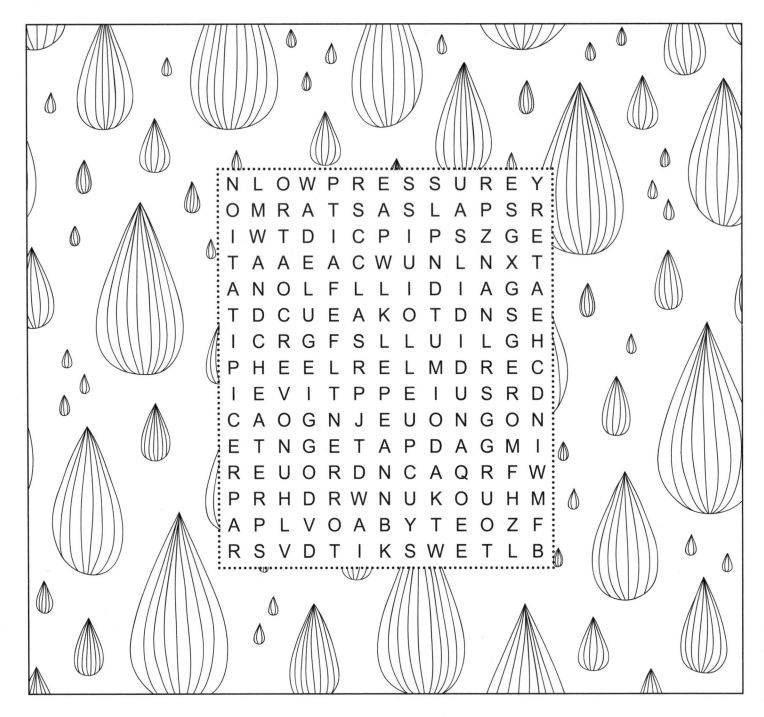

```
N L O W P R E S S U R E Y
O M R A T S A S L A P S R
I W T D I C P I P S Z G E
T A A E A C W U N L N X T
A N O L F L L I D I A G A
T D C U E A K O T D N S E
I C R G F S L L U I L G H
P H E E L R E L M D R E C
I E V I T P P E I U S R D
C A O G N J E U O N G O N
E T N G E T A P D A G M I
R E U O R D N C A Q R F W
P R H D R W N U K O U H M
A P L V O A B Y T E O Z F
R S V D T I K S W E T L B
```

◊ ANORAK      ◊ LOW PRESSURE      ◊ RAINING

◊ CLOUDS      ◊ OILSKINS      ◊ SPLASH

◊ DELUGE      ◊ OVERCOAT      ◊ STORM

◊ DOWNPOUR      ◊ PELTING      ◊ TEEMING

◊ FALLING      ◊ PRECIPITATION      ◊ TORRENT

◊ JACKET      ◊ PUDDLE      ◊ WINDCHEATER

◊ ADRIATIC

◊ ARABIAN SEA

◊ ARAL SEA

◊ BAFFIN BAY

◊ BASS SEA

◊ CORAL SEA

◊ FLORES SEA

◊ IRISH SEA

◊ KARA SEA

◊ KIEL BAY

◊ KORO SEA

◊ LOCH NESS

◊ NORTH SEA

◊ PANAMA CANAL

◊ RAMSEY BAY

◊ RED SEA

◊ TASMAN SEA

◊ WHITE SEA

```
L A N A C A M A N A P E N
K Y K I E L B A Y E S K K
F A E S H S I R I E L I S
R B L A K F O A A N A R S
O Y A E S S E R O L F Y E
A E E R E W T R O X H A N
E S A A A A T H A K R B H
S M K E E H R A S A E N C
A A E S S A B B A R I O
R R T E N L E I S F T F L
A E A V A A A T E A B F Y
K D D L M N Y R I E L A C
M S B E S I J R O H L B V
E E S E A E D E L C W F H
R A A D T A A U E S E A M
```

# BEAUTIFUL

◊ CHARMING  ◊ EXQUISITE

◊ CUTE  ◊ FAIR

◊ DAZZLING  ◊ GOOD-LOOKING

◊ DELIGHTFUL  ◊ GORGEOUS

```
    E G D S       C B C S
   S X N T O T   M Q U E U L
  D T Q I N L H U R E H T O R D
  M R U M E L A R N P G T E P B
  F I I R C U N G K N N N G R R
  E K S A I F D O V P I Y R E H
  Y I I H F T S O H L L N O T J
  N T C I H O D U E Z Q G T
  G E B N G M L V A Z R L Y
  N A G I E O G S A P V
    I A L L O R I D S
    M E I K E N E
      D E I N G
      H N S
      N
      G
```

◊ HANDSOME

◊ LOVELY

◊ MAGNIFICENT

◊ PLEASING

◊ PRETTY

◊ STRIKING

◊ STUNNING

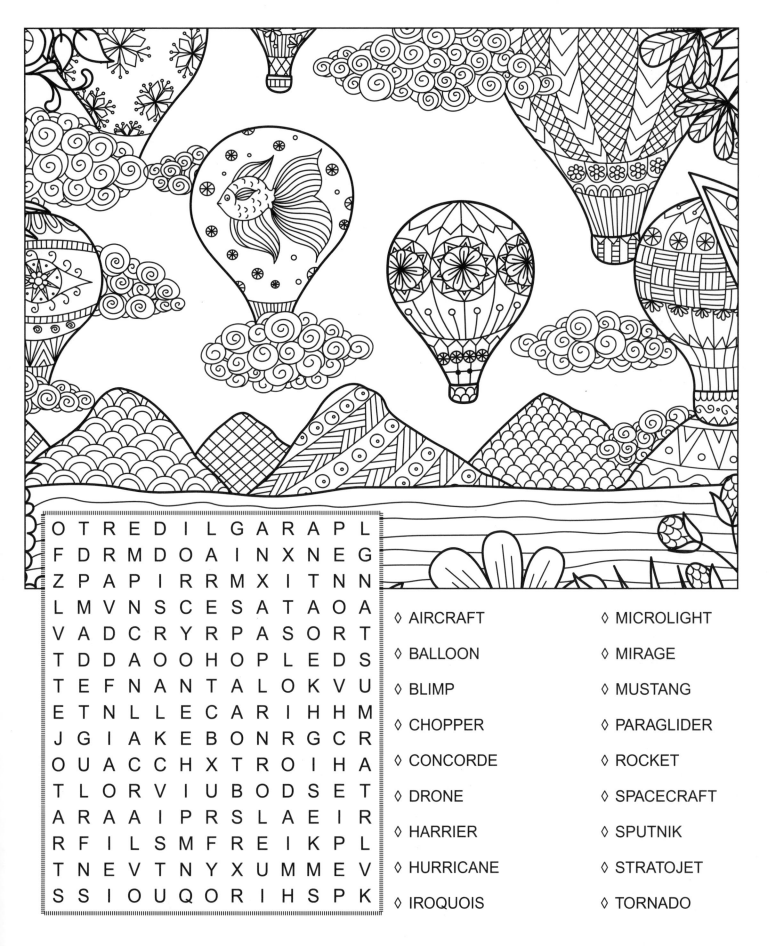

```
O T R E D I L G A R A P L
F D R M D O A I N X N E G
Z P A P I R R M X I T N N
L M V N S C E S A T A O A
V A D C R Y R P A S O R T
T D D A O O H O P L E D S
T E F N A N T A L O K V U
E T N L L E C A R I H H M
J G I A K E B O N R G C R
O U A C C H X T R O I H A
T L O R V I U B O D S E T
A R A A I P R S L A E I R
R F I L S M F R E I K P L
T N E V T N Y X U M M E V
S S I O U Q O R I H S P K
```

◊ AIRCRAFT        ◊ MICROLIGHT

◊ BALLOON        ◊ MIRAGE

◊ BLIMP        ◊ MUSTANG

◊ CHOPPER        ◊ PARAGLIDER

◊ CONCORDE        ◊ ROCKET

◊ DRONE        ◊ SPACECRAFT

◊ HARRIER        ◊ SPUTNIK

◊ HURRICANE        ◊ STRATOJET

◊ IROQUOIS        ◊ TORNADO

◊ BOOTIES

◊ BROGUES

◊ CLOGS

◊ ESPADRILLES

◊ FLATS

◊ HIGH HEELS

◊ HOSIERY

◊ LACE-UPS

◊ LOAFERS

◊ MULES

◊ PEEP-TOES

◊ PUMPS

◊ SHOES

◊ SKATES

◊ SNEAKERS

◊ SOCKS

◊ TIGHTS

◊ WADERS

```
B K S S R E D A W K M E K
A U U T E H J V Q J E Q Q
D W E N H T P D F S S N Y
E S T J U G A N N L P T E
C C P I P Q I K O E A J E
L C L U I Q M T S E D T F
O S M K E U X E E H R C S
G P H C L C O Y I H I S O
S E C E P H A E T G L N S
R W S P S G J L O I L E I
E A F Y R E I S O H E A S
F D S E U G O R B X S K O
A E O R K K P D C U E E C
O R P E E P T O E S U R K
L T V M A C T L I Y I S S
```

# FLOWER ARRANGING

◊ ACCESSORIES

◊ BUNCH

◊ BUTTONHOLE

◊ CARNATION

◊ DISPLAY

◊ FLORIST

◊ FOLIAGE

◊ GRAVEL

◊ GYPSOPHILA

◊ PEBBLES

◊ POSY

◊ POTS

◊ RIBBONS

◊ SAND

◊ SOIL

◊ SPONGE

◊ SUPPORT

◊ VASE

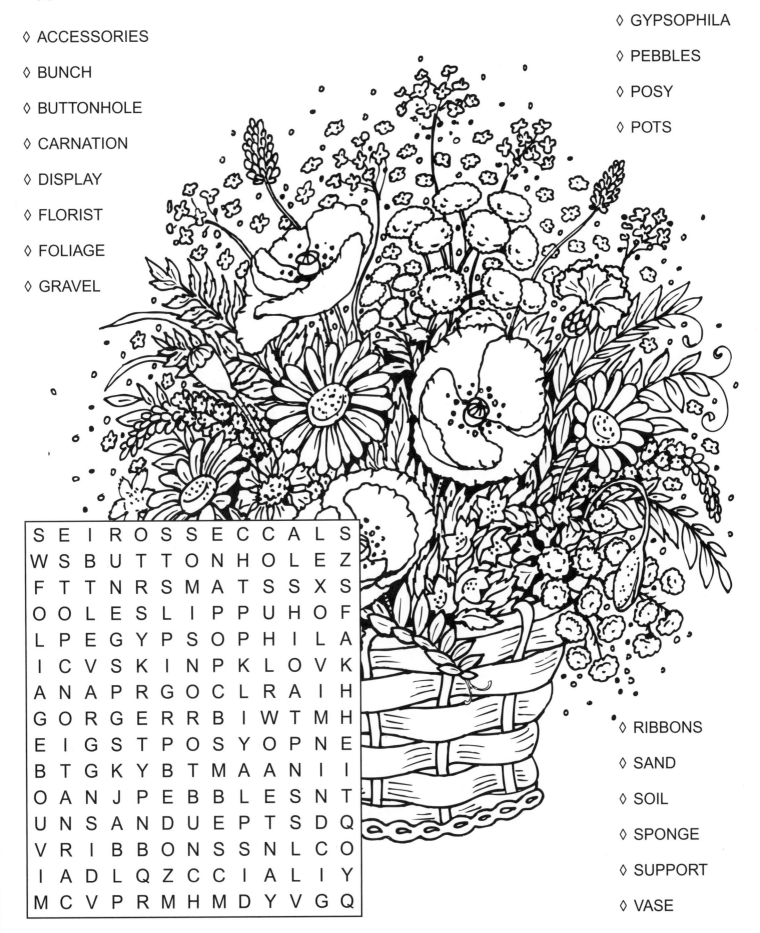

| S | E | I | R | O | S | S | E | C | C | A | L | S |
|---|---|---|---|---|---|---|---|---|---|---|---|---|
| W | S | B | U | T | T | O | N | H | O | L | E | Z |
| F | T | T | N | R | S | M | A | T | S | S | X | S |
| O | O | L | E | S | L | I | P | P | U | H | O | F |
| L | P | E | G | Y | P | S | O | P | H | I | L | A |
| I | C | V | S | K | I | N | P | K | L | O | V | K |
| A | N | A | P | R | G | O | C | L | R | A | I | H |
| G | O | R | G | E | R | R | B | I | W | T | M | H |
| E | I | G | S | T | P | O | S | Y | O | P | N | E |
| B | T | G | K | Y | B | T | M | A | A | N | I | I |
| O | A | N | J | P | E | B | B | L | E | S | N | T |
| U | N | S | A | N | D | U | E | P | T | S | D | Q |
| V | R | I | B | B | O | N | S | S | N | L | C | O |
| I | A | D | L | Q | Z | C | C | I | A | L | I | Y |
| M | C | V | P | R | M | H | M | D | Y | V | G | Q |

# PARIS

◊ AUTEUIL

◊ BASTILLE

◊ BOURSE

◊ CAFES

◊ EIFFEL TOWER

◊ HOTEL DE VILLE

◊ LA DEFENSE

◊ LASSERRE

| B | E | S | E | B | O | U | R | S | E | E | B | E |
| A | A | S | T | G | E | R | M | A | I | N | S | M |
| B | D | S | N | E | B | A | R | D | A | E | T | A |
| E | R | O | T | E | J | L | O | U | V | R | E | D |
| P | U | S | R | I | F | U | G | E | N | U | S | E |
| R | E | W | O | T | L | E | F | F | I | E | L | R |
| L | L | T | M | A | E | L | D | K | F | S | A | T |
| C | E | N | I | T | B | M | E | A | U | A | S | O |
| S | P | M | Z | T | A | M | C | E | L | U | S | N |
| E | I | Z | A | W | P | F | Y | E | F | T | E | A |
| I | C | S | O | R | B | O | N | N | E | E | R | M |
| N | C | A | R | A | A | O | N | O | S | U | R | F |
| E | E | L | L | A | G | I | P | T | C | I | E | S |
| R | M | D | A | T | E | A | S | A | H | L | J | P |
| F | E | L | L | I | V | E | D | L | E | T | O | H |

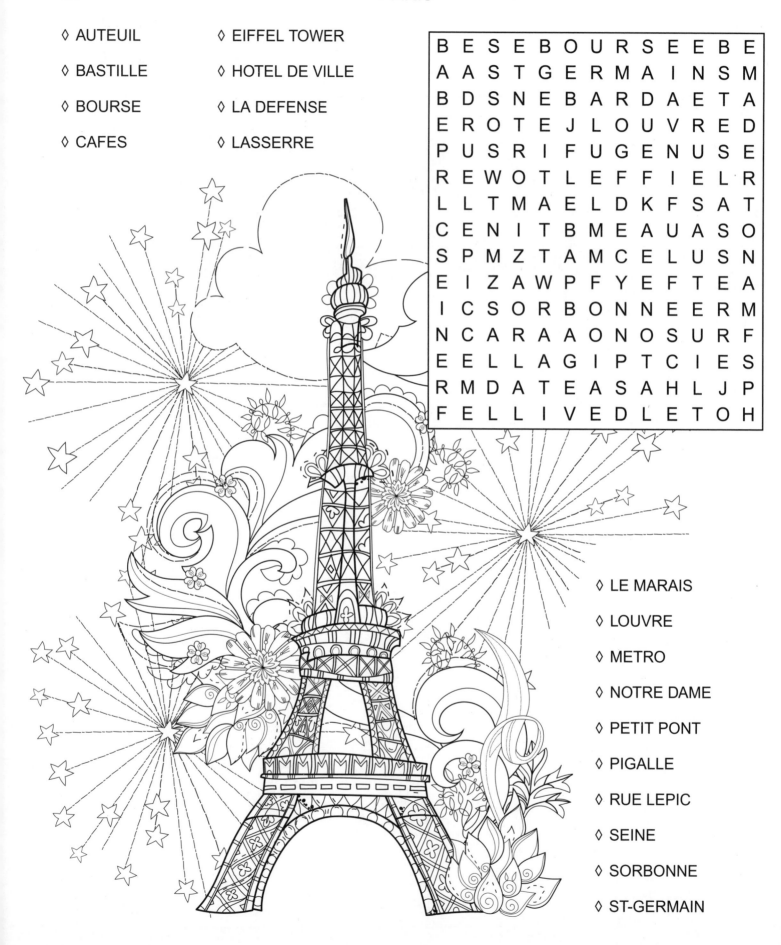

◊ LE MARAIS

◊ LOUVRE

◊ METRO

◊ NOTRE DAME

◊ PETIT PONT

◊ PIGALLE

◊ RUE LEPIC

◊ SEINE

◊ SORBONNE

◊ ST-GERMAIN

◊ BATIDA

◊ BELLINI

◊ BISHOP

◊ BRONX

◊ EGGNOG

◊ GIMLET

◊ JULEP

◊ MAI TAI

◊ MANHATTAN

◊ MAN-O'-WAR

◊ MARTINI

◊ MOJITO

◊ OLD-FASHIONED

◊ PANAMA

◊ RICKEY

◊ SAZERAC

◊ SIDECAR

◊ ZOMBIE

```
M O O N U R P H J G S E D
A L Z O A T I N V I F G E
N O Z L L T E C M M G G N
O I C A D G T A K L Y N O
W B A Q H B R A M E E O I
A A Z T B D Y H T Y G H
R D K S I I P I F N A S S
A P H N T A N O Z J A F A
I Z I A S I M R H Z O M F
M Z B C L I I G E S A K D
O P O L B D D R F N I M L
J Q E M Y R A E A I J B O
I B E L B C O P C A R G O
T O U R U I E N H A I P G
O T L U C J E D X J R V S
```

# CAKES

```
Y A D H T R I B F R A I T
U A E T A G M A E R C F Y
T N O X S A F F R O N C V
N G E G W P L E L B R A M
A E R E Y P Y A M E B W T
R L A U F A X E Y A L Y G
R F I S L F R F T N F R P
U O S L T I O T B I G O Z
C O I Q N E E C A N U Y P
S D N G J N R F R N J R R
R E U V B M A H D E K R N
S E N U S T O L L E N E A
L A R O E I K C E K N H P
I G U H C O O I H S A C Y
T I U R F S O B Z A V A O
```

◊ ANGEL FOOD

◊ BATTENBURG

◊ BIRTHDAY

◊ CHERRY

◊ COFFEE

◊ CREAM GATEAU

◊ CURRANT

◊ EASTER

◊ FRUIT

◊ LAYER

◊ MARBLE

◊ MERINGUE

◊ MOCHA

◊ POUND

◊ RAISIN

◊ SAFFRON

◊ SCONES

◊ STOLLEN

# CYCLING

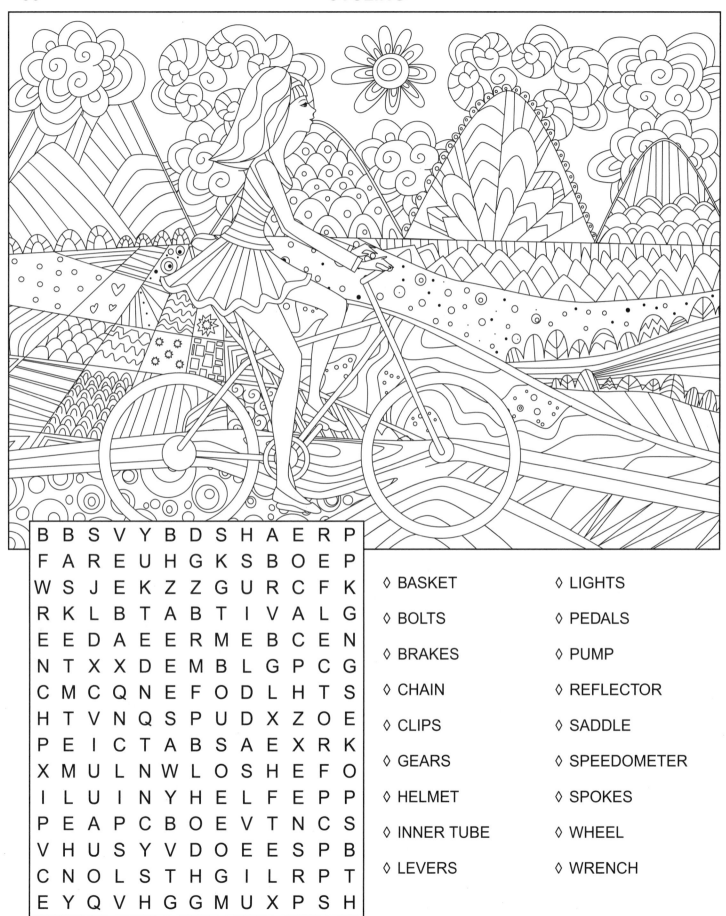

| B | B | S | V | Y | B | D | S | H | A | E | R | P |
|---|---|---|---|---|---|---|---|---|---|---|---|---|
| F | A | R | E | U | H | G | K | S | B | O | E | P |
| W | S | J | E | K | Z | Z | G | U | R | C | F | K |
| R | K | L | B | T | A | B | T | I | V | A | L | G |
| E | E | D | A | E | E | R | M | E | B | C | E | N |
| N | T | X | X | D | E | M | B | L | G | P | C | G |
| C | M | C | Q | N | E | F | O | D | L | H | T | S |
| H | T | V | N | Q | S | P | U | D | X | Z | O | E |
| P | E | I | C | T | A | B | S | A | E | X | R | K |
| X | M | U | L | N | W | L | O | S | H | E | F | O |
| I | L | U | I | N | Y | H | E | L | F | E | P | P |
| P | E | A | P | C | B | O | E | V | T | N | C | S |
| V | H | U | S | Y | V | D | O | E | S | P | B |
| C | N | O | L | S | T | H | G | I | L | R | P | T |
| E | Y | Q | V | H | G | G | M | U | X | P | S | H |

◊ BASKET

◊ BOLTS

◊ BRAKES

◊ CHAIN

◊ CLIPS

◊ GEARS

◊ HELMET

◊ INNER TUBE

◊ LEVERS

◊ LIGHTS

◊ PEDALS

◊ PUMP

◊ REFLECTOR

◊ SADDLE

◊ SPEEDOMETER

◊ SPOKES

◊ WHEEL

◊ WRENCH

```
S E L V A G E E V L E S N
I N N V E B N U O G N I R
A D F T S Z B I G X B L P
G T H R E A D U G B C Y O
M N O E E K S G O D U V G
S S M A E S C B H X E H O
R P N R E T T A P R I E E
E H O T E L J R L G O G R
H W N O E G A A A P R Y A
T H T O L C Y O E D X M E
A H E F G S R O S S I C S
G O C C I P R A O E C R U
S O Y F R F T I B R A E G
E K U E G N I W E S U D M
R S C H A L K G N I C A F
```

CLOTH FACING CHALK
SEAMS PLACKET EDGING BOBBIN
HOOKS DARTS GATHER
GUSSET PLACKET
SELVAGE PATTERN THREAD SEWING
SCISSORS
SPOOL
OVERLAY

◊ CINDERELLA

◊ CLOCK

◊ COACH

◊ CRUEL

◊ DANCE

◊ DRESS

◊ HANDSOME

◊ HARDSHIP

◊ HEARTH

◊ HORSE

◊ MAGICAL

◊ MIDNIGHT

◊ PALACE

◊ PRINCE

◊ QUEEN

◊ SERVANT

◊ UGLY SISTERS

◊ WICKED

| N | I | G | H | T | H | H | Q | E | W | M | F | A |
|---|---|---|---|---|---|---|---|---|---|---|---|---|
| S | S | U | W | D | B | E | C | H | B | A | A | L |
| E | R | J | R | N | C | B | A | A | I | G | F | L |
| M | N | E | E | U | Q | R | S | T | O | I | W | E |
| O | S | T | T | V | D | K | U | C | L | C | I | R |
| S | K | S | H | S | T | O | W | E | F | A | C | E |
| D | G | R | H | G | I | Y | C | M | L | L | K | D |
| N | P | I | J | C | I | S | D | E | N | C | E | N |
| A | P | A | E | V | X | N | Y | H | O | K | D | I |
| H | S | N | L | C | U | E | D | L | O | Y | J | C |
| S | E | R | V | A | N | T | C | I | G | R | R | O |
| N | B | A | C | L | C | I | Z | Q | M | U | S | R |
| E | Y | I | R | T | J | E | R | K | P | R | R | E |
| S | E | W | W | T | T | S | P | P | P | P | B | S |
| O | P | E | R | A | H | E | C | N | A | D | A | K |

# NOCTURNAL CREATURES

- ◊ BEAVER
- ◊ BOA CONSTRICTOR
- ◊ COYOTE
- ◊ DINGO
- ◊ DORMOUSE
- ◊ JERBOA
- ◊ KAKAPO
- ◊ MARGAY

- ◊ MOLE
- ◊ OTTER
- ◊ PLATYPUS
- ◊ PUMA

- ◊ RED FOX
- ◊ SIKA DEER
- ◊ STOAT
- ◊ STONE CURLEW
- ◊ TIGER
- ◊ VAMPIRE BAT

```
D R E A X O F D E R W Q O
O K E I R T E M N E N R P
R Y E V A E X B L T C O A
M A R G A Y E R L P S T K
O E L O M E U D D T A C A
U D E J D C B F A O M I K
S O I T E Y R B T K R R U
E C S N S B E S F B I T P
R I O P G R G E A O R S L
H T U P I O I G B E X N A
S M S P H T E B T J R O T
A A M A O C I T X V B C Y
X A E R T C O G P R O A P
V L T A W O I O E N X O U
P E T O Y O C J A R G B S
```

◊ BLACKJACK

◊ BRIDGE

◊ BUNKO

◊ DEMON

◊ ECARTE

◊ FAN-TAN

◊ FREE CELL

◊ GERMAN WHIST

◊ GIN RUMMY

◊ MISERE

◊ OMBRE

◊ PONTOON

◊ RED DOG

◊ ROUGE-ET-NOIR

◊ SEVENS

◊ SPADES

◊ SPIDER

◊ STUD POKER

| P | T | C | A | R | E | S | E | C | A | N | S | E |
|---|---|---|---|---|---|---|---|---|---|---|---|---|
| R | S | E | B | F | A | N | T | A | N | N | W | R |
| K | I | L | A | L | L | V | U | S | E | O | I | I |
| U | H | F | L | R | A | B | E | R | I | O | P | F |
| R | W | T | A | E | U | C | E | T | N | T | O | R |
| E | N | Y | R | N | C | S | K | T | N | N | D | E |
| Y | A | I | K | L | I | E | E | J | J | O | F | K |
| A | M | O | B | M | D | E | E | O | A | P | M | O |
| S | R | M | S | R | G | E | T | R | A | C | E | P |
| D | E | T | U | U | I | Y | M | S | F | K | K | D |
| O | G | D | O | R | E | D | D | O | G | I | B | U |
| M | C | R | A | V | N | S | G | O | N | I | X | T |
| B | H | M | P | P | Z | I | S | E | V | E | N | S |
| R | S | E | D | D | S | E | G | Y | G | I | P | E |
| E | A | L | S | R | E | D | I | P | S | G | A | G |

```
        B P U K R
      E T A L M E C F A
    U O R A E A N A U N R
    W R F E S H C M E D U
    L O G O O S E S K U S N V
    T E N M B N G P S B E T X
    N T I N W I N A J V I H T
    S E L O F K N R A A D R U
    E G R E I S S R E E T U D
    C A G N I E O X S W S
    O T I C S I W W A S H
      S P H Q U A Y E V
        S Y N W T
```

◊ BLACKBIRD    ◊ FINCH    ◊ PARROT    ◊ ROBIN    ◊ STARLING

◊ CROW    ◊ GOOSE    ◊ PIGEON    ◊ SISKIN    ◊ SWAN

◊ DUCK    ◊ OWL    ◊ RAVEN    ◊ SPARROW    ◊ THRUSH

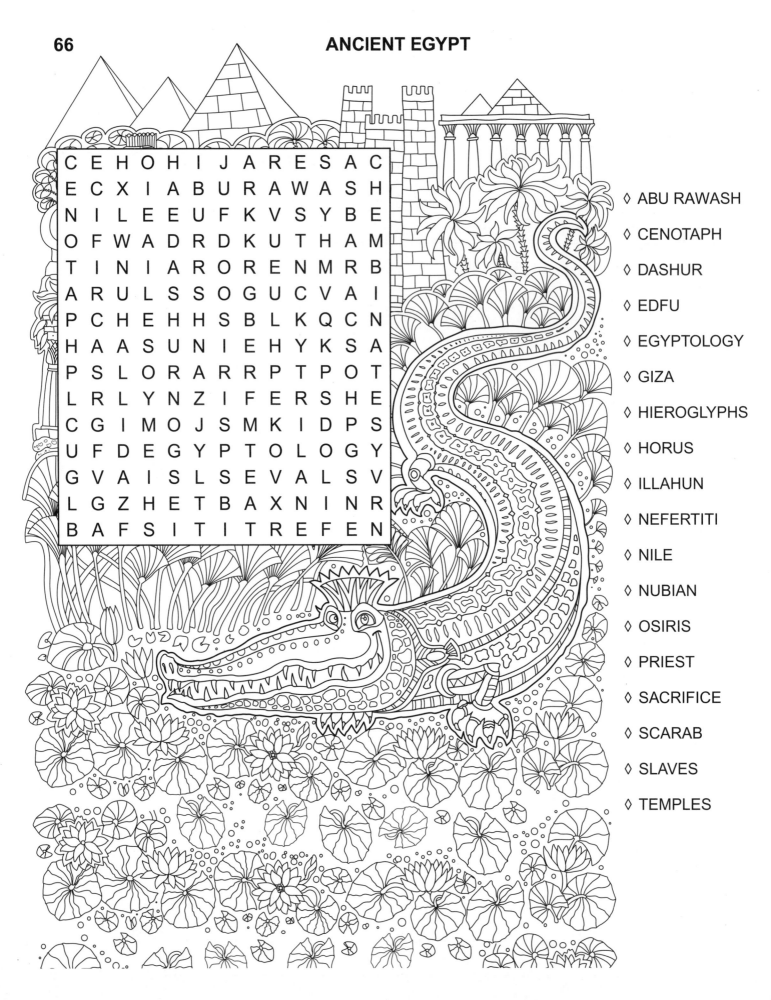

```
C E H O H I J A R E S A C
E C X I A B U R A W A S H
N I L E E U F K V S Y B E
O F W A D R D K U T H A M
T I N I A R O R E N M R B
A R U L S S O G U C V A I
P C H E H H S B L K Q C N
H A A S U N I E H Y K S A
P S L O R A R R P T P O T
L R L Y N Z I F E R S H E
C G I M O J S M K I D P S
U F D E G Y P T O L O G Y
G V A I S L S E V A L S V
L G Z H E T B A X N I N R
B A F S I T I T R E F E N
```

◊ ABU RAWASH

◊ CENOTAPH

◊ DASHUR

◊ EDFU

◊ EGYPTOLOGY

◊ GIZA

◊ HIEROGLYPHS

◊ HORUS

◊ ILLAHUN

◊ NEFERTITI

◊ NILE

◊ NUBIAN

◊ OSIRIS

◊ PRIEST

◊ SACRIFICE

◊ SCARAB

◊ SLAVES

◊ TEMPLES

# TREES

◊ ASH

◊ BEECH

◊ BIRCH

◊ CEDAR

◊ CYPRESS

◊ ELDER

◊ ELM

◊ HAZEL

```
      T I M E L
    V C Y P R E S S L
  G N A R M Z U H A I L
  R S Y C A M O R E H W
  L E S B H P R E S C I K A
  D D A S P L T L R L A E P
  W L A E R E F I L O R E A
  E E O R P B B O H E F E E
  R S Y A A B W C P E S C R
    T E D L P E I A T U U
    G L E M E N H C R A L
    M C B U I I P Z V
      J I P S N
```

◊ JUNIPER

◊ LARCH

◊ MAPLE

◊ OAK

◊ PALM

◊ PINE

◊ SPRUCE

◊ SYCAMORE

◊ WILLOW

◊ YEW

# CATS IN THE WILD

◊ BLACK-FOOTED

◊ BOBCAT

◊ CARACAL

◊ CHEETAH

◊ COUGAR

◊ GOLDEN CAT

◊ JAGUAR

◊ JUNGLE CAT

◊ KAFFIR

◊ KODKOD

◊ LEOPARD

◊ MARBLED

◊ MARGAY

◊ OCELOT

◊ PUMA

◊ SAND CAT

◊ SERVAL

◊ TIGER

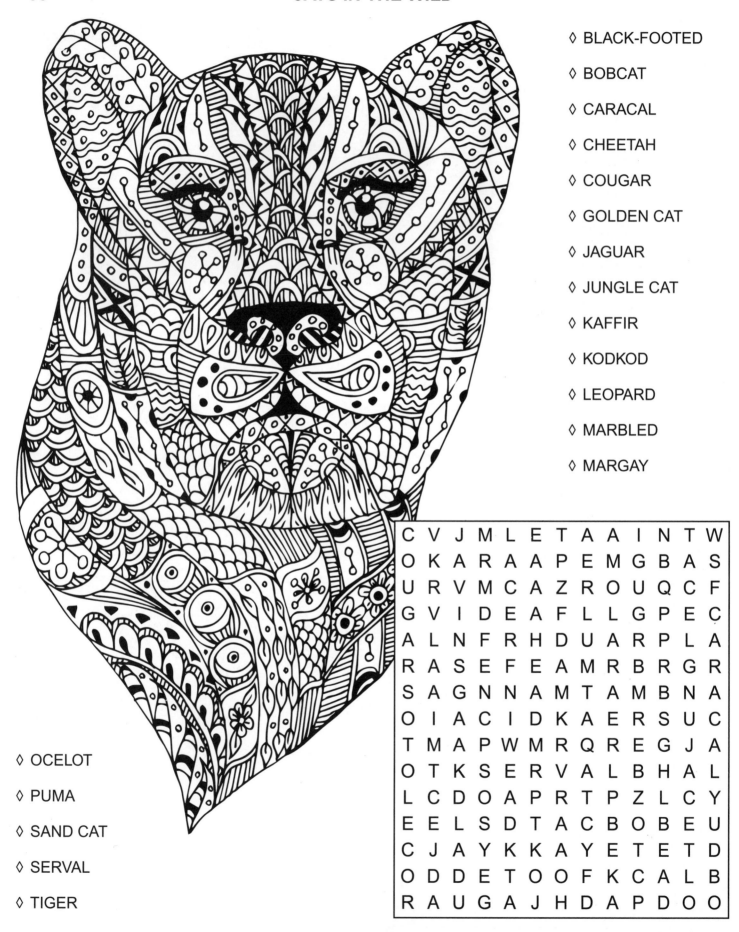

```
C V J M L E T A A I N T W
O K A R A A P E M G B A S
U R V M C A Z R O U Q C F
G V I D E A F L L G P E C
A L N F R H D U A R P L A
R A S E F E A M R B R G R
S A G N N A M T A M B N A
O I A C I D K A E R S U C
T M A P W M R Q R E G J A
O T K S E R V A L B H A L
L C D O A P R T P Z L C Y
E E L S D T A C B O B E U
C J A Y K K A Y E T E T D
O D D E T O O F K C A L B
R A U G A J H D A P D O O
```

# BEDTIME

◊ BATHING  ◊ NIGHTGOWN  ◊ SNOOZE

◊ COCOA  ◊ PILLOW  ◊ SNORING

◊ COMFORT  ◊ PRAYERS  ◊ UNDRESSED

◊ DOZING  ◊ QUILT  ◊ WARMTH

◊ DROWSY  ◊ RELAX  ◊ WEARINESS

◊ LULLABY  ◊ SHEETS  ◊ YAWNING

```
B P E R L F A D E P W A W
R G N I R O N S T W V E S
N T J E C V Y E Y A A S B
W H L O C O M F O R T R F
O Y C I O J P S I M H E D
G D S O U V Y N P T W Y S
T O E W V Q E O I H B A H
H L Y S O S V O L C P R E
G G U A S R R Z L E H P E
I Y N L W E D E O Y G B T
N C P I L N R C W E N T S
S R E A H A I D C T I E E
E J X P X T B N N E Z E D
B K W Z V Q A Y G U O E U
E A L R G A X B P E D O V
```

```
N H A L A M E T A U G S S
E O K A I V G R A T E T U
E U W U R M A R E S J M K
R S D H R B O T S A T C A
G E K L I M E C B T A E Y
E P C C E T D A H L M C N
B X A I Z N E M B A A H E
Y R T M N S J O Z F S T K
E H A R M A N R E K V O W
S J P Z A M G A Z I L O I
H S I R I C U R E A E M J
R C I H V L T T O B J S U
A E G T A X N I L R Y E P
L S W I Q A F W O I J A S
Y F T X M S T N E N H E R
```

◇ AQUARIUM

◇ DEN

◇ DOVECOTE

◇ DREY

◇ EARTH

◇ EYRIE

◇ FORTRESS

◇ HUTCH

◇ KENNEL

◇ LAIR

◇ PADDOCK

◇ PEN

◇ ROOST

◇ SHELL

◇ STUD

◇ VESPIARY

◇ WARREN

◇ WEB

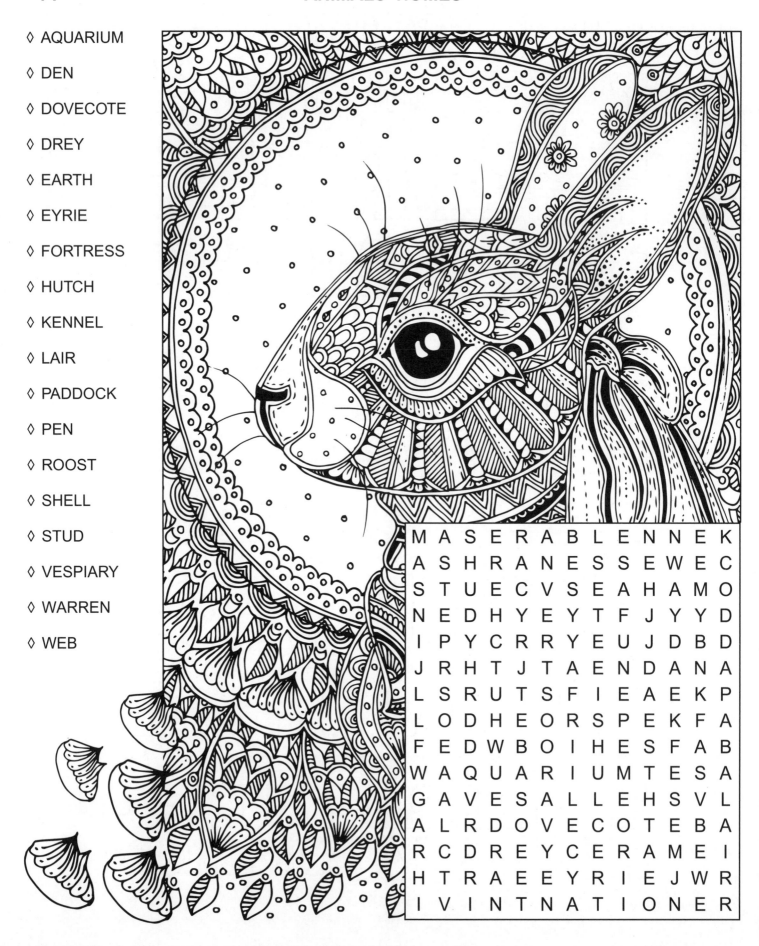

```
M A S E R A B L E N N E K
A S H R A N E S S E W E C
S T U E C V S E A H A M O
N E D H Y E Y T F J Y Y D
I P Y C R R Y E U J D B D
J R H T J T A E N D A N A
L S R U T S F I E A E K P
L O D H E O R S P E K F A
F E D W B O I H E S F A B
W A Q U A R I U M T E S A
G A V E S A L L E H S V L
A L R D O V E C O T E B A
R C D R E Y C E R A M E I
H T R A E E Y R I E J W R
I V I N T N A T I O N E R
```

**BIRDS OF PREY**

◊ BARN OWL

◊ CARACARA

◊ CHICKEN HAWK

◊ CONDOR

◊ EAGLE

◊ FALCON

◊ GRIFFON

◊ HARRIER

◊ HOBBY

◊ JAEGER

◊ KESTREL

◊ LAMMERGEIER

◊ MERLIN    ◊ ROADRUNNER

◊ OSPREY    ◊ TAWNY OWL

◊ PEREGRINE    ◊ VULTURE

E A G E L W O Y N W A T L
G A Z E E F R L Y U D A E
E N I R G E R E P A B I N
N Y S G C Z R R G K R U A
O A O D O P A T Z E O R G
C E V P S G R S I T A S U
L E A O P E Z E Y C D J E
A E A G I C G K A B R R N
F D C R L R K R A J U O O
C S R E E E A R X T N D F
U A S M P C N Y L O N N F
H X M Y B O B U J Y E O I
J A S E W B V V X T R C R
L J S L O N I L R E M O G
K W A H N E K C I H C O O

# PIZZA

◊ BACON
◊ BBQ SAUCE
◊ CAPERS
◊ CHEESE

◊ CHICKEN
◊ DOUGH

◊ GARLIC
◊ GROUND BEEF

◊ MOZZARELLA
◊ MUSHROOMS
◊ OLIVES
◊ ONIONS

```
W A S I E S E V I L O R E
G R O U N D B E E F O N G
T R E O O N C N O L B T A
F E I U C A G O I T U M S
M N G W P E N S O N G M U
O H D E W A S P A A J U A
Z W R I G V P E R A E S S
Z S R E U I X L E A S H N
A R R D N Q I S F H R R G
R O J G E C S P B N C O N
E P S S K S T I O O A O A
L C E U C F Z C B U U M F
L U T U I M A Y K R E S F
A H B K H B R I S E N A D
O G C E C U A S Q B B E R
```

◊ OREGANO
◊ SAUSAGE
◊ SPICY

◊ SQUID
◊ TOPPINGS
◊ TUNA

# THINGS THAT FLOW

```
H A M I N V G W A V E S C
L A E S H N R E Y G N E G
I R I P P L E H Y E T D N
O S P A R O G F J S T I I
E M U E L O R T E P E T S
L O U D F W A T E R M R S
B K O R O E V S X V A A E
A E R C C O Y I T W G L R
T A D I L X L Y L E M I D
E R U H V O W B E C A D D
G J I H Z U U C M D B M A
E L M C N N L D I U Q I L
V D A A K S P E S K F R A
U V T B O L U T T W E F S
I G R A Y G E Q U E R A C
```

◊ BLOOD        ◊ LIQUID        ◊ RIVULET         ◊ TRICKLE

◊ CLOUDS       ◊ MAGMA         ◊ SALAD DRESSING  ◊ VEGETABLE OIL

◊ GEYSER       ◊ PETROLEUM     ◊ SMOKE           ◊ WATER

◊ GRAVY        ◊ RIPPLE        ◊ STEAM           ◊ WAVES

◊ JUICE                        ◊ TIDES

# SOLUTIONS

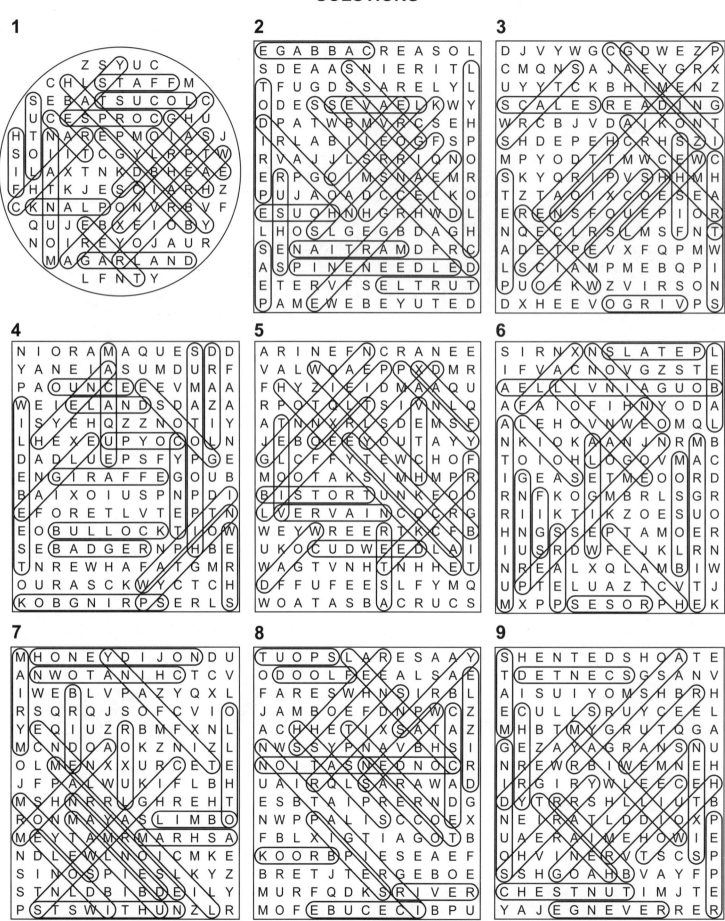

# SOLUTIONS

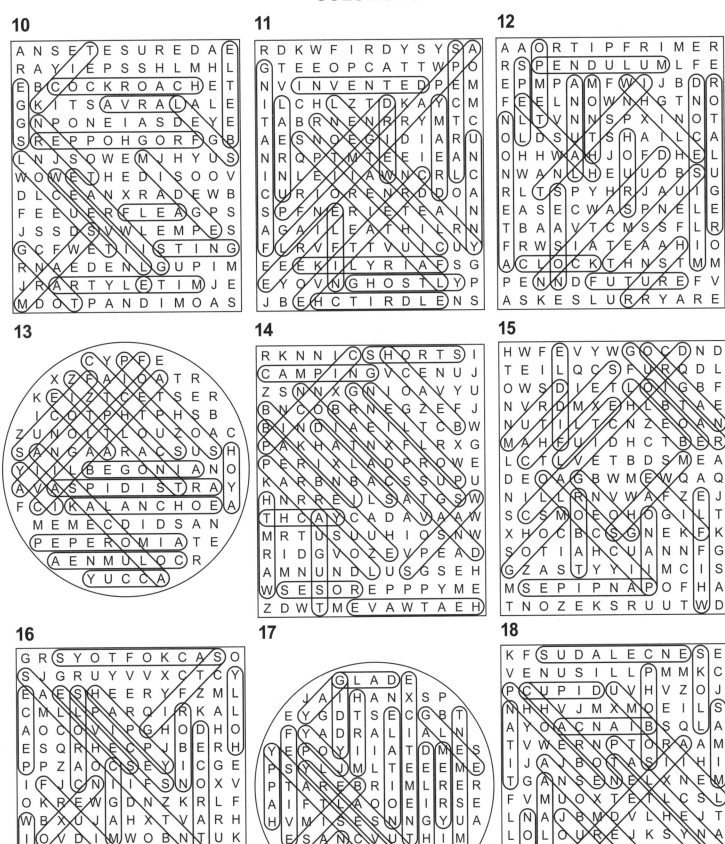

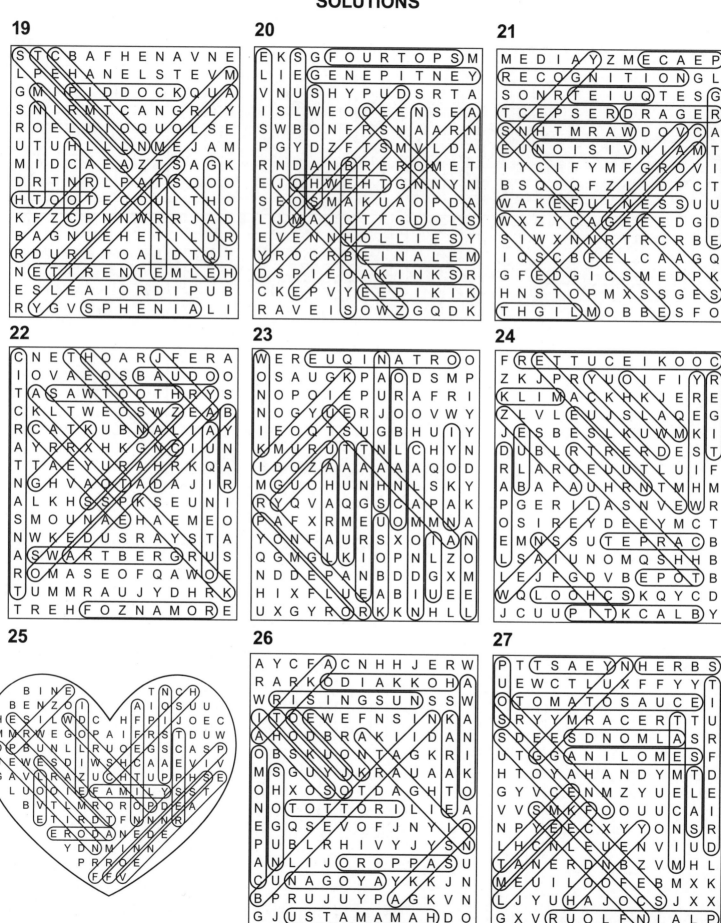

# SOLUTIONS

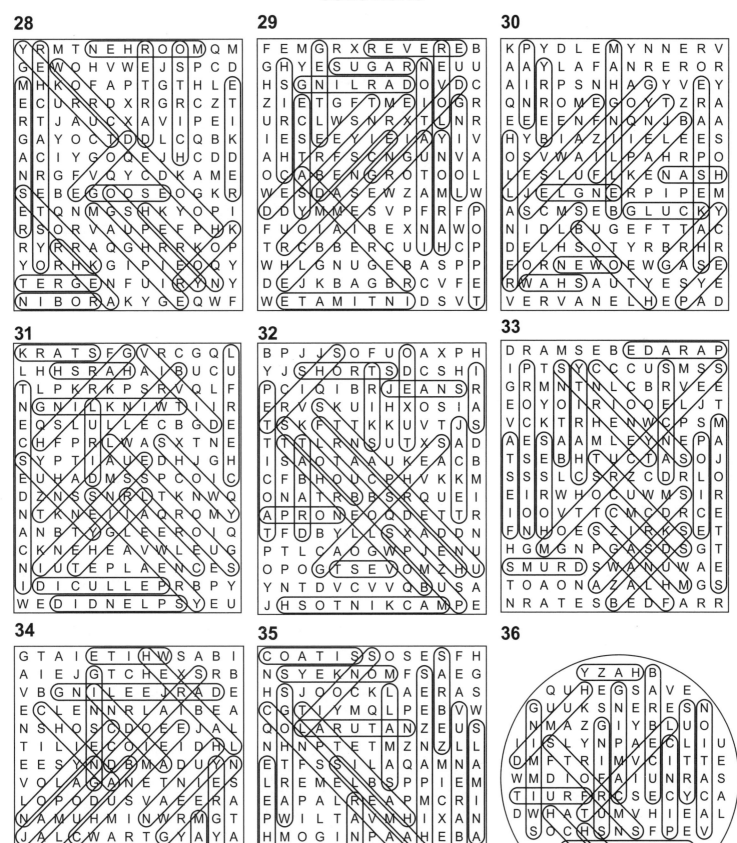

# SOLUTIONS

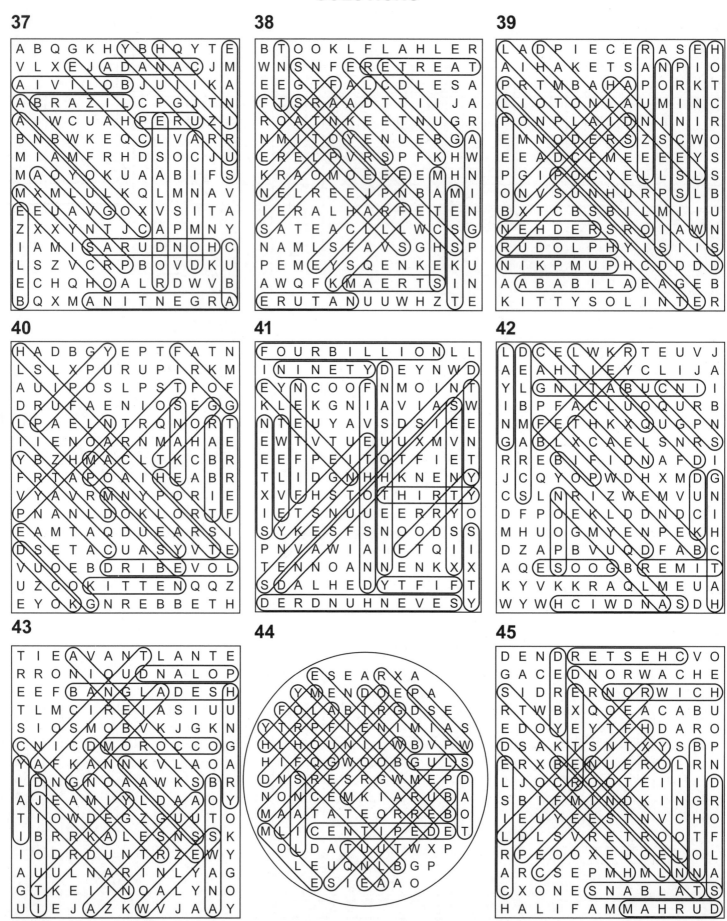

# SOLUTIONS

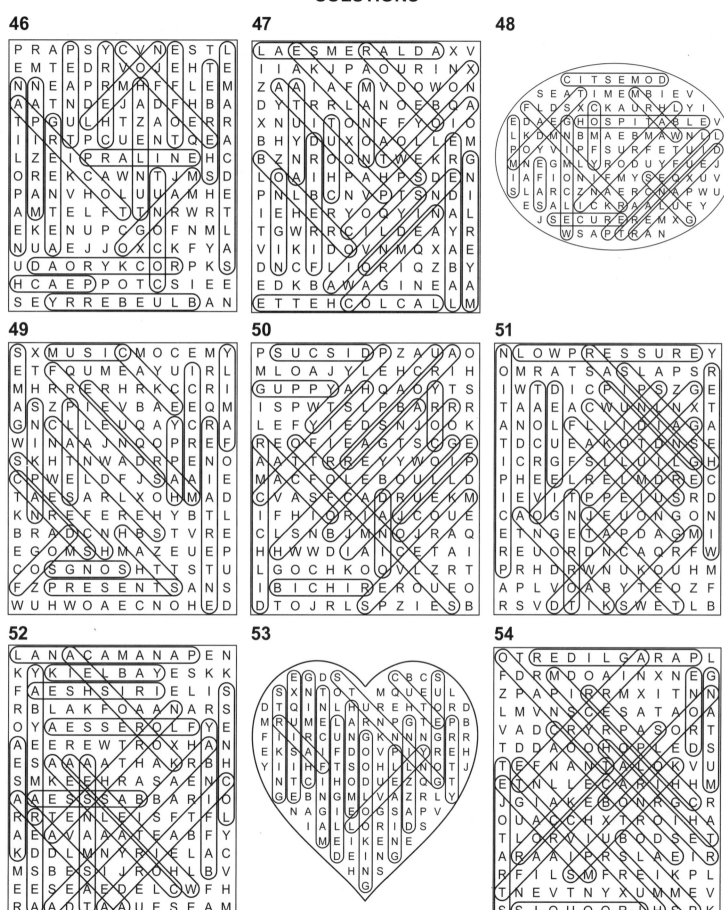

# SOLUTIONS

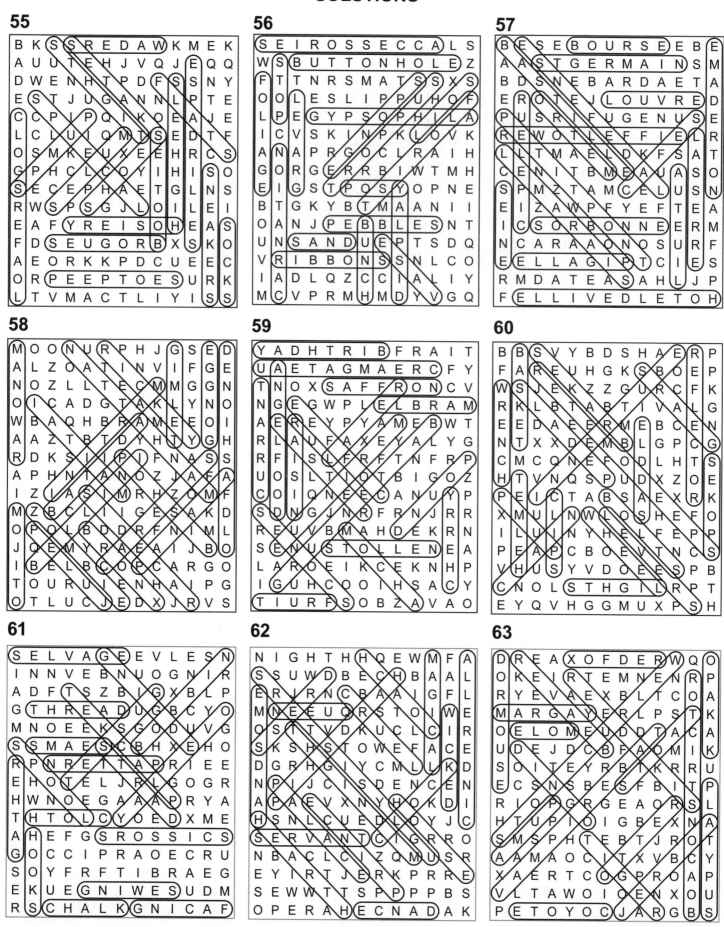

# SOLUTIONS

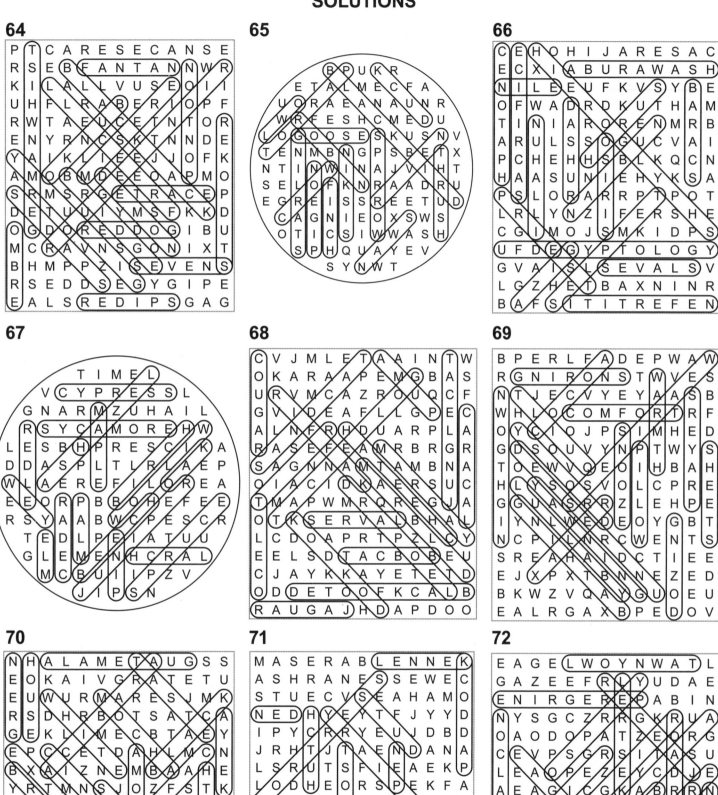

**73**

```
W A S I E S E V I L O R E
G R O U N D B E E F O N G
T R E O O N C N O L B T A
F E I U C A G O I T U M S
M N G W P E N S O N G M U
O H D E W A S P A A J U A
Z W R I G V P E R A E S N
Z S R E U I X L E A S H G
A R R D N O I S F H R R N
R O J G E C S P B N C O A
E P S S K S T I O O A M F
L C E U C F Z C B U U M F
L U T U I M A Y K R E S E
A H B K H B R I S E N A D
O G C E C U A S Q B B E R
```

**74**

```
H A M I N V G W A V E S C
L A E S H N R E Y G N E G
I O R I P P L E H Y E T D N
O E S P A R O G F J S T I I
E L M U E L O R T E P E T S
L B L O U D F W A T E R M S
B A K O R O E V S X V A A E
A E R C C O Y I T W G L I R
T A D I L X L Y L E M I D D
E R U H Z U U C M D B M A D
G J I H Z U U C M D B M A
E L M C N N L D I U Q I L A
V D A A K S P E S K F R A
U V T B O L U T T W E F E S
I G R A Y G E Q U E R A C
```